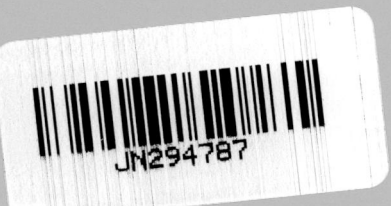

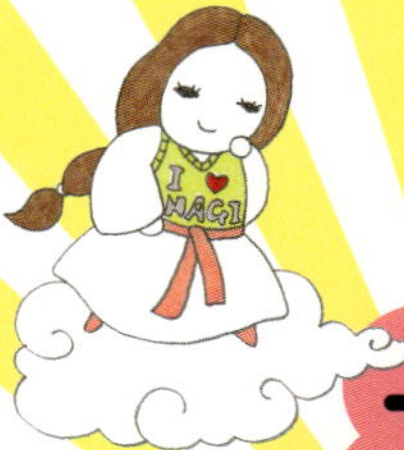

古事記
ゆる神様
100図鑑

松尾たいこ著
戸矢学監修

講談社

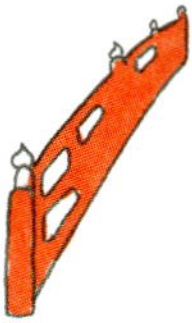

はじめに

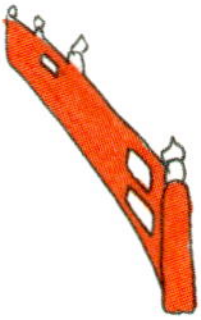

　私が『古事記』に興味を持ったのは、ほんの数年前。きっかけは伊勢神宮を訪れる取材。それまでも神社は気持ちがいい場所として好きだったけれど、そこにまつわる神話に興味はなかった。

　でも本を作るにあたっての取材では、基本的なことを学ぶ必要があった。神社にはそれぞれ祀られている神様とストーリーがある。重い腰をあげ、私は『古事記』を簡単にまとめた書籍や漫画から学んだ。

『古事記』はおもしろかった！　神話の中の神様たちは、意外とわがままで乱暴者だったり、情にもろかったり。尊敬出来るところも多いけど、かわいくて弱くて私たちと変わらない部分に親しみがわいてきた。そして、早くから『古事記』を知っていたら神社をもっと身近に感じられたのかもと残念な気持ちになった。ご利益や佇まいに惹かれて神社を訪れるのもいいけれど「この神様に会ってみたいな」「どんな場所（神社）に住んでいらっしゃるのかな？」そんな好奇心からスタートして訪れるのもきっと楽しい。

だから『古事記』の中からいくつかのお話と登場する神様たちを紹介したい！　とこの本を作った。超入門編だけど、ここから『古事記』や神様に興味を持つ人がたくさん増えるといいなと思う。

実在していたのか全部が空想だったのかわからないけれど、この中にお気に入りの神様を見つけて「会いたいな」ってお出かけのきっかけになったら嬉しいな。

神様に出会う旅のスタート♪

古事記 ゆる神様100図鑑

CONTENTS

古事記の名場面

ゆる神様図鑑

古事記の神様100柱

●古事記以外の神様14柱●

神様に会える オススメ神社

コラム

＊本文中の神名には「ノミコト」「ノカミ」といった尊称は省略しています。

古事記の名場面

『古事記』は今から約1300年前にできた
日本最古の歴史書。
上・中・下の3巻からできていて、
ここで紹介するのは上巻の神話部分。
宇宙の始まりから初代天皇の神武天皇誕生までが
書かれています。

一
最初の神様誕生！

宇宙のはじめ、まだ天と地も分かれていないころ、3人の神様が生まれた。
アメノミナカヌシ（P48）、タカミムスビ（P92）、カミムスビ（P71）。

次に生まれたのは
ウマシアシカビヒコヂ、
次はアメノトコタチ（P43）。

これらの5人の神様は
この後に生まれる地上の神様とは別で、
「別《こと》天《あまつ》神《かみ》」という。

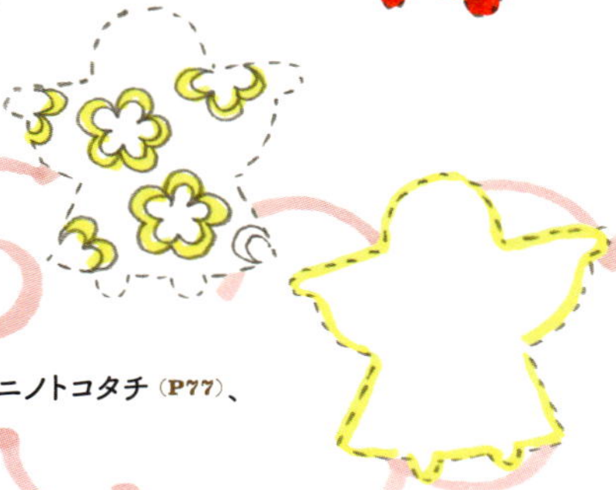

次に生まれたのはクニノトコタチ（P77）、
次にトヨクモノ。

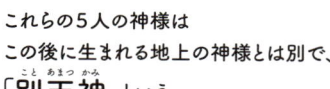

次に生まれたのは
男神のウヒヂニと女神のスヒヂニ、

次に男神のツノグヒと
女神のイクグヒ、

次に男神のオホトノヂと
女神のオホトノベ、

次に男神のオモダルと
女神のアヤカシコネ、

最後に
男神のイザナギ（P51）と
女神のイザナミ（P52）が
生まれた。

クニノトコタチからイザナミまでを「神《かみ》世《よ》七《なな》代《よ》」という。

1 アメノミナカヌシは、イザナギとイザナミの二人に国を作るように命令。

2 二人は雲の上から天沼《あめのぬ》矛《ぼこ》をぐるぐる掻き回して土地を作る。

3

二人は足りないところにあまってるものをふさいで国を生むことに。
（最初に生まれた子ヒルコ(P109)は海に流された）
こうして、淡路、九州、四国、佐渡、対馬、壱岐、隠岐、本州が誕生。
その後にもたくさんの神々が生まれた。

僕の身体は
あまってるところがある
私の身体には
足りないところが
あるわ
ワイワイ
ワイワイ

4

最後に火の神ヒノカグツチ(P108)を生んだ時、火傷してイザナミが死亡。
怒ったイザナギはヒノカグツチを斬り殺す。
ヒノカグツチの死体からもたくさんの神様が生まれる。

パタリ‥
ウウ‥
おのれ、
ヒノカグツチめ〜〜！
愛しい妻よ、
なぜ死んでしまったんだ、
うお〜〜
そんな殺生な〜〜

1

イザナギはイザナミを連れ戻すために黄泉国《よもつくに》へ。しかしイザナミはすでに黄泉国の食べ物を食べてしまったので帰れない。イザナミは黄泉国の神様に相談してくるから待ってるように言う。忠告を残して。

わかった
見ちゃだめよ

2

我慢できずに灯りをつけて見てみると、イザナミの身体は腐っていた。それを見て逃げ出すイザナギ。追いかけるイザナミ。そしてこの世と黄泉国との境の黄泉比良坂《よもつひらさか》にて永遠の別れ。

見るなと言ったのに〜!
こんなになってたとは!
1日1000人殺してやる!
それならこっちは1日1500の産屋を建てよう
ピュー

3

禊《みそぎ》をして、住吉三神《すみよしさんしん》（P90）やワタツミ（P122）など多くの神が生まれる。
そして最後に、左目からアマテラス（P36）、
右目からツクヨミ（P97）、鼻からスサノオ（P88）が誕生。

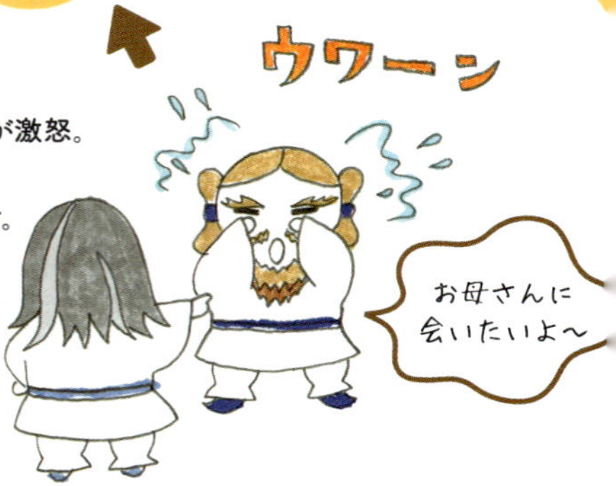
出ていきなさい！
ウワーン
お母さんに会いたいよ〜

START

母に会いたいと泣き叫ぶ
スサノオを見てイザナギが激怒。
姉のアマテラスに会いに
高天原《たかまのはら》へ旅立つスサノオ。

別れの挨拶しに来ただけですって
ギロリ
何しに来たの！

待ち構えるアマテラス。
身の潔白を証明するために
勝負をすることに。

スサノオの持ち物からは、
タギリヒメ、イチキシマヒメ、
タギツヒメの
宗像三女神《むなかたさんじょしん》（P115）が、
アマテラスの持ち物からは
アメノオシホミミ（P39）、
アメノホヒ（P46）、アマツヒコネ（P35）、
イクツヒコネ、クマノクスビが誕生。
女の子が生まれたことは
心がきれいな証拠ということで、
スサノオの疑いが晴れる。

しかしその後、スサノオ、
高天原で大暴れ。
怒ったアマテラスは天岩戸《あめのいわと》に隠れる。
そのため高天原は真っ暗に。

困った神様たちは天安河原《あめのやすかわら》で相談。
オモイカネ（P69）の提案により、
岩戸の前で踊るアメノウズメ（P38）、
それを見て笑い転げる神様たち。
アマテラスがそっと岩戸を開けると、
アメノタヂカラオ（P42）が
岩戸を投げ飛ばしてアマテラス登場。

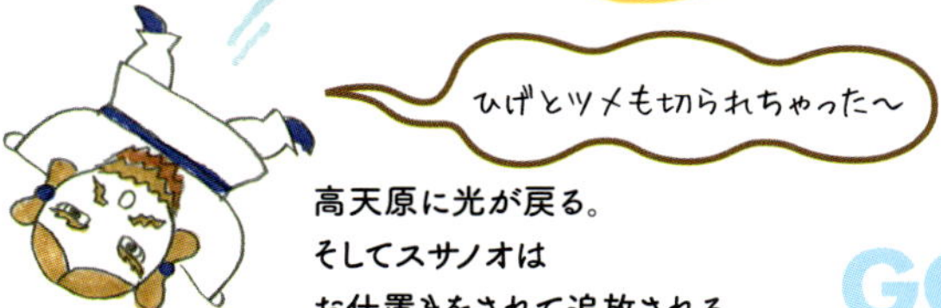

高天原に光が戻る。
そしてスサノオは
お仕置きをされて追放される。

GOAL

1 高天原から追放されたスサノオは出雲へ降り立つ。そこで泣いてるアシナヅチ（P33）、テナヅチ（P33）、クシナダヒメ（P76）と出会う。

ウウッ…
どうしました？
娘がヤマタノオロチに食われてしまうのです。
では私が退治してやりましょう。その代わり娘さんと結婚させてください！

2
スサノオは８つの酒樽を用意して待ち構える。
そして作戦通り酒を飲んで
酔いつぶれたヤマタノオロチを見事退治。

3
仲良く暮らす
スサノオとクシナダヒメ。
この時にスサノオは
嬉しくて歌を詠む。
これが日本で最初の和歌。

六 オオクニヌシと因幡の白ウサギ

1 意地悪兄さんたちがオオクニヌシ(P60)に荷物を持たせて旅立つ。苦しんでるウサギ、通りかかるオオクニヌシ。

2 ヤガミヒメ(P116)の言葉に意地悪兄さんたちが激怒。

③
意地悪兄さんたちに騙されたオオクニヌシは焼けた石を抱いて死ぬ。
お母さんのサシクニワカヒメ（P80）はカミムスビにお願い。
ウムギヒメ（P58）とキサガイヒメ（P58）が派遣されてオオクニヌシ復活。
この後もう一度殺されるが、この時も母に助けられる。

④
母のすすめでオオクニヌシはスサノオのいる根《ね》の国へ旅立つ。
ここでスサノオの娘のスセリヒメ（P89）と出会い恋におち、試練の末に駆け落ち。
スセリヒメを正妻とするも、カムヤタテヒメ（P72）やヌナカワヒメ（P104）など、
たくさんの女性と浮き名を流すオオクニヌシは
スクナビコナ（P87）と国作りにも精を出した。

1 高天原にてアマテラスとオモイカネが相談。

あの国は
私の子が治める国よ
帰ってこないな～
では国を
譲らせるために
使いを出しましょう

2 そのころ、アマテラスのパートナーのタカミムスビの心配をよそに、
使いのアメノホヒとアメノワカヒコ（P49）は
オオクニヌシと出雲で仲良くしてる。

ワーイ
アハハ

3 出雲に降り立ったタケミカヅチ（P94）は
まずオオクニヌシと交渉。

コトシロヌシ（P78）は
船をひっくり返して消えてしまう。

タケミナカタ（P95）は力比べに負けて諏訪まで逃げる。

こうして出雲大社ができました。

1 アメノオシホミミの
息子のニニギ（P103）が天孫降臨《てんそんこうりん》。
（アマテラスの孫なので天孫）

2 お供するのは、
アメノコヤネ（P41）、
フトダマ（P110）、
タマノオヤ（P96）、
イシコリドメ（P53）、
アメノウズメなど。

3
天上界からの途中の道で
サルタヒコ（P81）がお出迎え。
これでサルタヒコとアメノウズメはいい仲に。

4
無事、高千穂に到着した一行。
そこでコノハナノサクヤヒメ（P79）に遭遇。
一目惚れするニニギ。

1

2

喜んだ父オオヤマヅミ（P65）は
結納品と一緒に
姉イワナガヒメ（P54）も差し出す。

3
証明するために御殿に火をつけてその中で出産。
生まれた子はホデリ（P112）、ホスセリ、
ホオリ（ヒコホホデミ）（P106）。

1

海の漁が得意な兄のホデリ（海幸彦《うみさちひこ》）と
山の猟が得意な弟のホオリ（山幸彦《やまさちひこ》）。
兄の釣り針をなくしたホオリは許してもらえない。

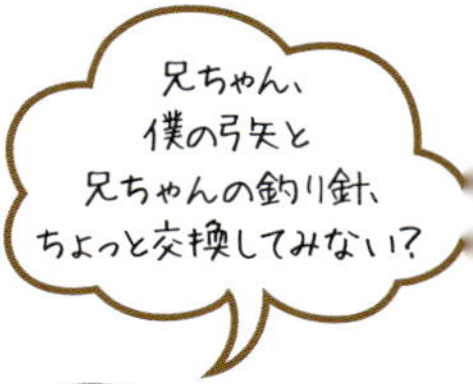

2

海辺で泣いてるホオリに声をかける
シオツチ（P82）。

3

シオツチのいう通りに行動すると海で海神ワタツミ（P122）の娘、
トヨタマヒメ（P99）と出会う。そうしてワタツミの国で3年間滞在。

4

ではこれを
持ってきなさい
そろそろ
帰ろうかな

ごめん、
あなたに仕えます

5
ワタツミからもらった
ふたつの珠を使って兄を凝らしめる。

6
出産のためにトヨタマヒメがやってくるが、
サメの姿の出産シーンを見られてしまい
恥ずかしくて実家に帰ってしまう。

7
が、息子ウガヤフキアエズ（P56）が心配で
妹タマヨリヒメ（P99）を使いによこす。
二人は結婚し4人の子を授かる。
その末っ子が神武天皇（P86）。

神様系図

神様だって人間と同じように家族がいます。
祀られている神様同士の関係がわかってくると
神社めぐりがもっと楽しくなりますよ。

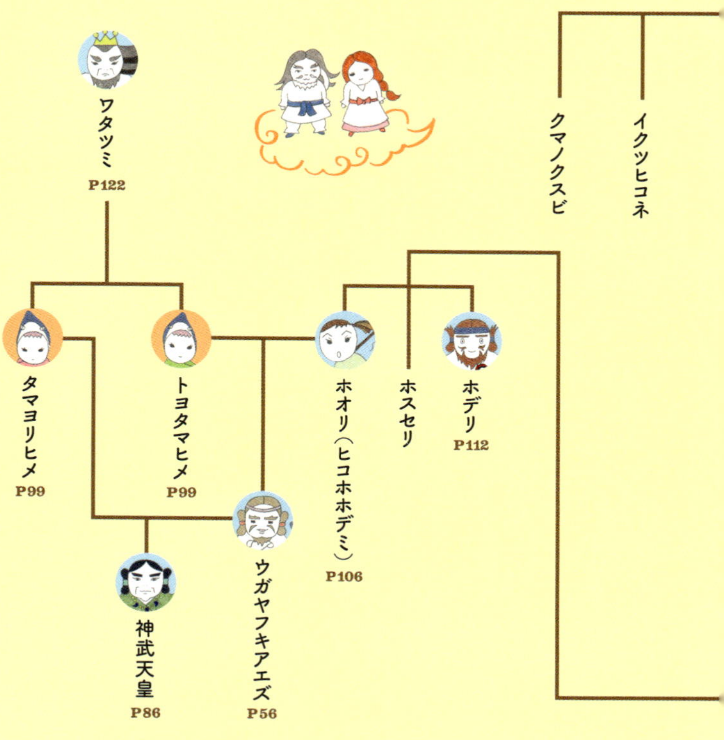

ワタツミ
P122
クマノクスビ
イクツヒコネ
タマヨリヒメ
P99
トヨタマヒメ
P99
ホオリ（ヒコホホデミ）
P106
ホスセリ
ホデリ
P112
ウガヤフキアエズ
P56
神武天皇
P86

日向系

「日向系」とはアマテラスの孫ニニギが天孫降臨した日向（宮崎県）を舞台にした神様の系譜。ニニギ、ヒコホホデミ、ウガヤフキアエズを「日向三代」といいます。

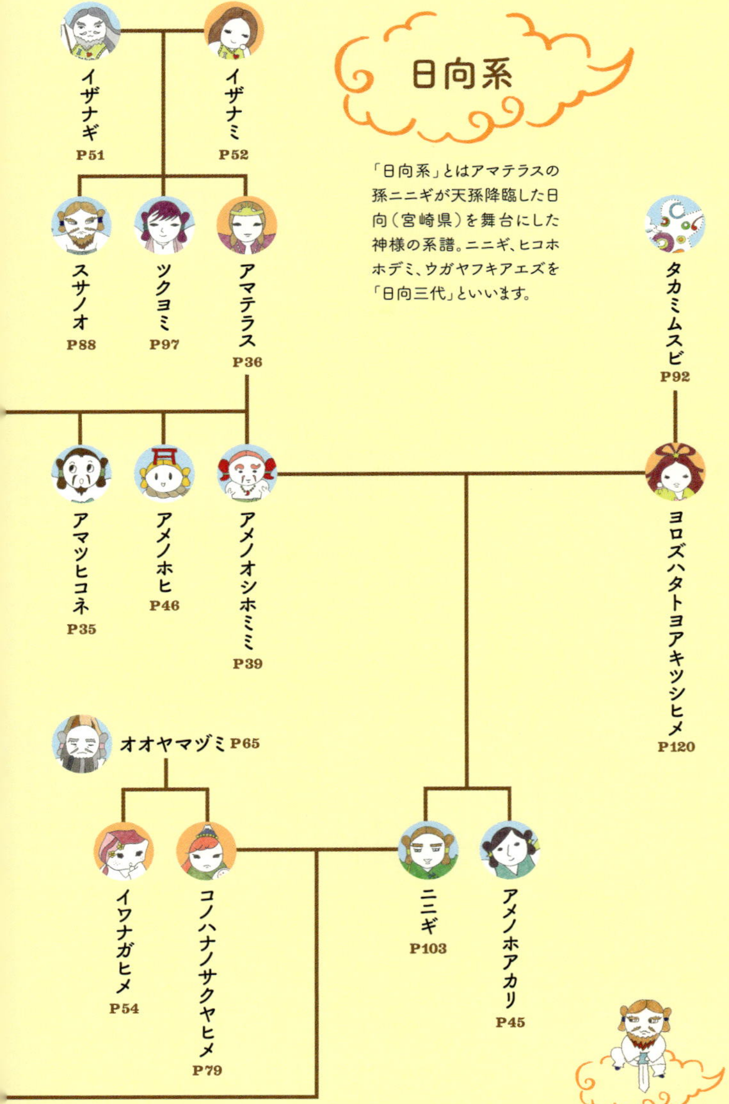

出雲系

「出雲系」とはスサノオやオオクニヌシが大活躍した出雲を舞台にした神様の系譜。高天原からやってきた「天つ神」に対し、もともといた神様を「国つ神」といいます。

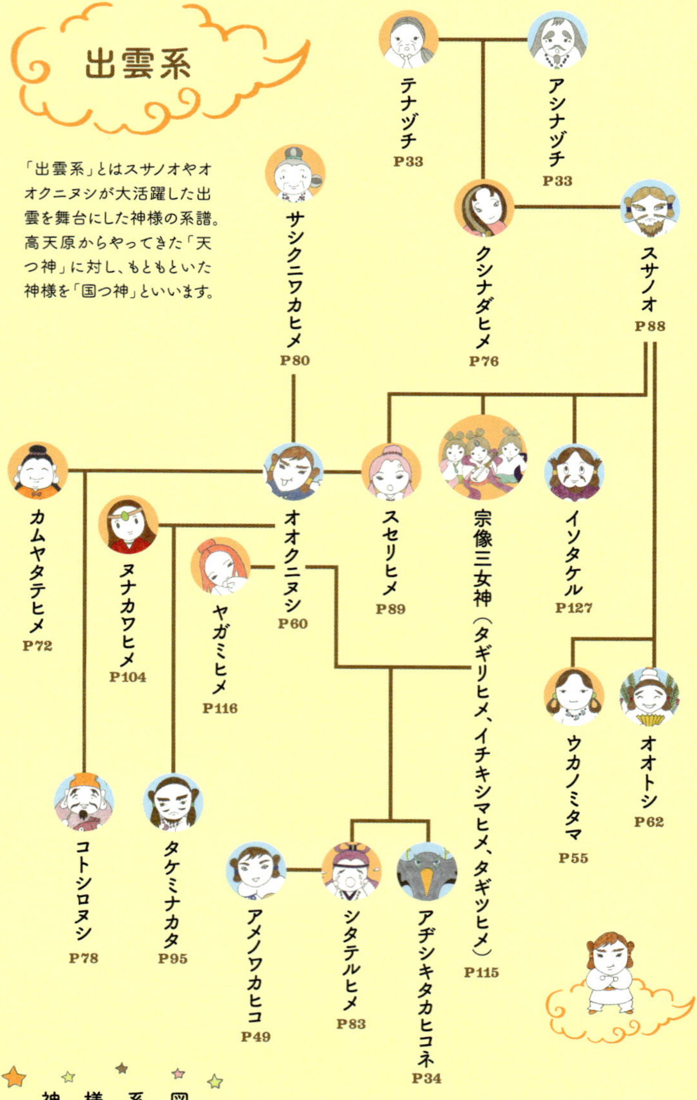

神様系図

ゆる神様図鑑

『古事記』の中から100柱、
それ以外から14柱の神様を紹介します。
メジャーどころの神様はほとんど網羅。
ご近所の神社の神様も
きっと見つかるはずです。

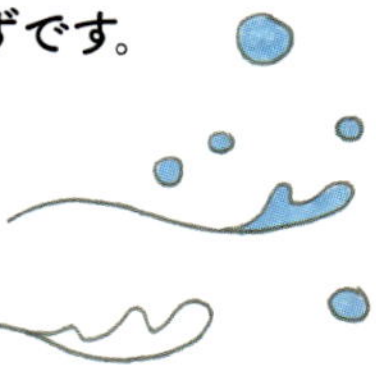

・1・

美女へとミラクル変身！

アカルヒメノカミ

阿加流比売神

実家に帰らせて
いただきます！
縁切り

夫を置いて新羅から日本に帰国

新羅《しらぎ》（古代朝鮮半島南東の国）の沼のほとりで昼寝をしていた女が生んだ赤玉が変化した美女。赤玉を所持していた新羅王子アメノヒボコの妻となるが、暴言を吐かれたため「私はあなたの妻になるはずの女ではない。日の光から生まれたんだから」と言って祖国日本に帰国。難波で暮らした。シタテルヒメと混同されることが多い。

家族構成 夫：アメノヒボコ 祀られている主な神社 赤留比売命神社／三十歩神社（大阪）、比売語曽神社（大分）、姫嶋神社（大阪） 別名 比売許曽神（ひめこそのかみ） ご利益 厄除け、縁切り

クシナダヒメのご両親

アシナヅチノミコト・テナヅチノミコト

足名椎命・手名椎命

娘がヤマタノオロチの生贄に

斐伊川《ひいがわ》の川上に住んでいた出雲土着の国《くに》つ神（地上の神のこと。天上の神は天《あま》つ神）。毎年一人ずつヤマタノオロチに娘を奪われ、7人の娘を失い、最後の一人のクシナダヒメを失うところをスサノオに助けられた。スサノオの忠実な配下として働き、「神」名をもらう。スサノオ終焉の地に建つ須佐神社を任されスサノオの魂を鎮めた。

家族構成 娘：クシナダヒメ／父：オオヤマヅミ（アシナヅチ） 祀られている主な神社 須佐神社（島根）、温泉神社（島根）、稲田神社／熊野大社（島根）、三屋神社（島根）、廣峯神社（兵庫）、川越氷川神社（埼玉）、門客人神社／氷川神社（埼玉）、足長神社・手長神社（長野）、国津神社（長崎） ご利益 厄除け、延命長寿

神武天皇を導いた3本足のカラス

アヂシキタカヒコネノカミ

阿遅鉏高日子根神

サッカー日本代表の
シンボル
八咫烏《やたがらす》です
開運

友達の葬式で大暴れ

オオクニヌシの息子。妹の夫アメノワカヒコの葬式で故人と容姿が似ていたために生き返ったのだと思われ「死者と間違えるとは汚らわしい」と激怒する。別名はカモノオオカミで全国の賀茂神社に祀られている神様。神武天皇の大和入りを導いた太陽の光の化身である3本足のカラスのヤタガラス（カモタケツヌミ）と同じとされている。

家族構成 父：オオクニヌシ／母：タギリヒメ／妹：シタテルヒメ 祀られている主な神社 高鴨神社（奈良）、八咫烏神社（奈良）、都都古別神社（福島）、土佐神社（高知）、下鴨神社（京都） 別名 賀茂建角身命（かもたけつぬみのみこと）、迦毛大神（かものおおかみ） ご利益 農業・不動産業の守護、家内安全、商売繁盛、縁結び、厄除け、開運招福

多くの氏族の祖神

アマツヒコネノミコト

天津日子根命

アマテラスの玉から生まれた三男

アマテラスとスサノオが高天原で行った誓約《うけい》で誕生。誓約とは占いのこと。お互いの持ち物で男女どちらが生まれるかでスサノオは自分の身の潔白を証明しようとした。このときスサノオの剣から宗像三女神が生まれ、アマテラスの玉からは5人の男が生まれた。アマツヒコネはその三男。その後、登場しないが多くの氏族の祖となっている。

家族構成 母：アマテラス／息子：アメノマヒトツ、アメノミカゲ 祀られている主な神社 多度大社（三重）、桑名宗社（三重）、王子神社（徳島）、荒木神社（静岡） 別名 北伊勢大神／多度神（きたいせのおおかみ／たどのかみ） ご利益 農業・漁業・金属工業守護、産業振興、雨乞い、海上の風難（台風）・水難・火難除け、子孫繁栄

日本の最高神

アマテラスオオミカミ

天照大神

天岩戸に隠れて世界は暗闇に

イザナギの禊の際に左目から生まれた女神。父から高天原の統治を託される。弟のスサノオの高天原での大暴れにキレて天岩戸に隠れるという大事件を起こす。その後、孫のニニギを天孫降臨させて日本を統治。天皇家の祖神であり日本人の総氏神であり、日本の最高神。邪馬台国の女王卑弥呼だという研究者もあり。

家族構成 父：イザナギ／母：イザナミ／弟：ツクヨミ、スサノオ／息子：アメノオシホミミ、アメノホヒ、アマツヒコネ、イクツヒコネ、クマノクスビ **祀られている主な神社** 内宮、伊雑宮、滝原宮／伊勢神宮（三重）→P138、檜原神社（奈良）→P151、天岩戸神社（宮崎）→P147、東京大神宮（東京） **別名** 大日孁貴神（おおひるめのむちのかみ） **ご利益** 国家安泰、子孫繁栄

御門の守護神

アメノイワトワケノカミ

天石門別神

家内安全
立ち入り禁止！
ダメ、絶対!!

身体は天上界に残したまま降臨

悪霊を防ぐ門の神様。ニニギと一緒に天孫降臨したが、オモイカネやアメノタヂカラオと同じように、身体は高天原に残し、魂だけアマテラスに遣わされた。天孫降臨に同行した他の神様はみんな天岩戸で活躍してるが、この神様だけは名前がない。宮殿の門の守護神で、古代から天皇の宮殿の四方の門に祀られている神様。

家族構成 父：フトダマ 祀られている主な神社 櫛岩窓神社（兵庫）、大祭天石門彦神社（島根）、門客神社／厳島神社（広島）、天岩戸神社（京都）、御門神社／鹿児島神宮（鹿児島）→P150 別名 櫛石窓神（くしいわまどのかみ）、豊石窓神（とよいわまどのかみ） ご利益 家内安全、病気平癒

天岩戸開きに活躍した名ダンサー

アメノウズメノミコト

天宇受売命

芸能上達
ダンス、ダンス、ダンス!

天孫降臨の途中でサルタヒコと運命の出会い

アマテラスが天岩戸に隠れたときに岩戸の前で半裸で踊り、観衆の神様たちを大笑いさせた芸能の神様。ニニギの天孫降臨にも同行し、途中の道で道案内をしようとして待っていたサルタヒコに声をかけ、いい仲に。その後、サルタヒコの故郷である伊勢で一緒に暮らし、その子孫は宮廷祭祀を任され、猿女君《さるめのきみ》を名乗るようになる。

家族構成 夫:サルタヒコ 祀られている主な神社 佐瑠女神社/猿田彦神社(三重)→**P153**、椿岸神社/椿大神社(三重)、芸能神社/車折神社(京都)、千代神社(滋賀)、荒立神社(宮崎)、戸隠神社火之御子社(長野)→**P154**、烏森神社(東京)、宮乃咩社/大国魂神社(東京)、宮比神社/筑土八幡神社(東京) ご利益 芸能上達、縁結び、夫婦円満

降臨したくなかったアマテラスの長男

アメノオシホミミノミコト

天之忍穂耳命

可愛い子には旅をさせよ
開運

母の命令を拒否し息子を派遣

スサノオとの誓約から生まれたアマテラスの長男。母から地上に降臨するように言われたとき、まだ国が荒れているからと拒否。タケミカヅチが平定した後に再度降臨するように言われるが、今度は息子が生まれたから息子を行かせるとして2度も降臨を拒んだ。紅い大きな勾玉の化身。稲穂の神、農業神として信仰されている。

家族構成 母：アマテラス／妻：ヨロズハタトヨアキツシヒメ／弟：アメノホヒ、アマツヒコネ、イクツヒコネ、クマノクスビ／息子：アメノホアカリ、ニニギ 祀られている主な神社 英彦山神宮（福岡）、西寒多神社（大分）、泉穴師神社（大阪） 別名 正勝吾勝勝速日天之忍穂耳命（まさかあかつかつはやびあめのおしほみみのみこと） ご利益 開運招福、子孫繁栄、商売繁盛

切れっ切れの名刀

アメノオハバリノカミ
天尾羽張神

国譲りの使者としても選出

イザナギが持っていた刀。イザナギの妻イザナミはヒノカグツチを生んだことによって火傷をして死んでしまったため、イザナギは怒り、この刀でヒノカグツチを斬り殺した。刀にしたたる血からは様々な神様が誕生した。その後、オモイカネに国譲りの使者として選ばれるが、その役目を息子のタケミカヅチに譲った。

家族構成 息子：タケミカヅチ 祀られている主な神社 斐伊神社（島根）、鹿嶋天足和氣神社（宮城）、耀窟神社（千葉） 別名 伊都之尾羽張神（いつのおはばりのかみ）、稜威雄走神（いつのおばしりのかみ） ご利益 スポーツ上達、厄除け

祭祀を司った藤原氏の祖神

アメノコヤネノミコト

天児屋命

おかげさまで
子孫が大活躍
出世

天岩戸の前で祝詞を奏上

アマテラスが天岩戸に隠れてしまったときに祝詞《のりと》を奏上した神様。この祝詞をアマテラスはとても喜んだ。その後、ニニギの天孫降臨にもアマテラスの指令で同行。宮中の大事な祭祀を担当した。子孫は中臣氏となり、鎌足以降は藤原家として栄華を誇った。伊勢神宮内宮の宮司家の大中臣氏もアメノコヤネの子孫。

祀られている主な神社 春日大社（奈良）、枚岡神社（大阪）、吉田神社（京都）、大野原神社（京都）、鳥越神社（東京）、全国の春日神社 **ご利益** 国家安泰、受験合格、開運招福、子孫繁栄、厄除け、出世

マッチョだけど気はやさしい

アメノタヂカラオノミコト

天手力男命

伊勢神宮内宮にアマテラスと一緒に

力持ちの神様で、アマテラスが天岩戸に隠れたときに岩戸を開いてアマテラスを外に出した。そのときに投げ飛ばした岩戸ははるか遠くの長野県の戸隠山まで飛んで行って、そこが現在の戸隠神社となっている。ニニギの天孫降臨にも同行。数々の功績から、伊勢神宮内宮正殿にアマテラスと一緒に祀られている。

祀られている主な神社 戸隠神社奥社（長野）→P154、佐那神社（三重）、手力雄神社（岐阜）、雄山神社（富山）、手力雄神社／春日大社（奈良）、湯島天満宮（東京）、荏原神社（東京）、稲荷鬼王神社（東京） ご利益 技芸上達、五穀豊穣、スポーツ上達、開運招福、災難・厄除け

ミステリアスな高天原の守り神

アメノトコタチノカミ

天之常立神

生まれたっきりでその後の詳細は不明

宇宙の始まりのときに誕生した単独の神様5柱のうちの1柱。この5柱の神様は別天神という。誕生して姿を現すことはなかったので詳しくはわからないが、高天原の守り神とされている。『古事記』にも誕生のとき以外には記載がない。一番最初に誕生した神のアメノミナカヌシと同じ神様ではないかという説もある。

祀られている主な神社 駒形神社（岩手）、駒形根神社（宮城）、金持神社（鳥取）、天神社／春日大社（奈良）、高見神社（福岡） ご利益 産業振興、五穀豊穣

妻に逃げられた新羅王子

アメノヒボコ
天之日矛

風土記ではオオクニヌシのライバル

朝鮮半島の古代国家・新羅の王子。赤玉から誕生したアカルヒメを妻としていたが、暴言を吐いたため逃げられてしまい、それを追って来日した。しかし妻には会うことができず、別の女性と結婚して帰化。『播磨国風土記』ではオオクニヌシと国土争いをしたと書かれている。子孫のタジマモリはお菓子の神様として崇められている。

家族構成 妻：アカルヒメ 祀られている主な神社 出石神社（兵庫）、鏡神社（滋賀）、陶器神社（滋賀）、牛尾神社／香山神社（福井） ご利益 農業守護、国土開発、子宝、安産、開運招福、厄除け、技術向上、必勝祈願、陶磁器業守護

もう一人のアマテラス

アメノホアカリノミコト
天火明命

弟にくらべて
ホントに
地味で〜す
家内安全

天孫降臨したニニギのお兄さん

アマテラスの長男の長男。つまりアマテラスの直系の長男。しかし、天孫降臨したのは弟のニニギなので、今いち存在感がない。『古事記』にも記述は少ないが、神武天皇より先に大和に入っていた天孫族のニギハヤヒと同じ神様ではないかという説もある。また、別名に「天照」という言葉があり、太陽神ではとの説も。

家族構成 父：アメノオシホミミ／母：ヨロズハタトヨアキツシヒメ／弟：ニニギ／息子：アメノカヤマ 祀られている主な神社 真清田神社（愛知）、籠神社（京都）、天照玉命神社（京都）、伊勢天照御祖神社（福岡）、尾針神社（岡山） 別名 天照国照彦天火明命（あまてるくにてるひこあめのほあかりのみこと） ご利益 開運招福、厄除け、子孫繁栄、家内安全、病気平癒

出雲大社宮司家の祖

アメノホヒノミコト

天之菩卑能命

受験
合格
郷に入っては
郷に従え、だよ

国譲りの使者なのにオオクニヌシに心服

スサノオとの誓約から生まれたアマテラスの次男。国譲りのための使者に選ばれて出雲に派遣されたがオオクニヌシに惚れ込んで3年たっても帰ってこなかった。国譲り後、子孫は出《いず》雲《も》国《こく》造《そう》（県知事みたいなもの）になり現在まで続いている。子孫に相撲の神様ノミノスクネがいて、そのまた子孫には学問の神様の菅原道真がいる。

家族構成　母：アマテラス　祀られている主な神社　能義神社（島根）、天穂日命神社（鳥取）、芦屋神社（兵庫）、亀戸天神社（東京）、出雲伊波比神社（埼玉）、桐生天満宮（群馬）、馬見岡綿向神社（滋賀）　ご利益　学問上達、受験合格、縁結び、農業・養蚕守護、国土開発、産業振興

刀鍛冶の祖神

アメノミカゲノカミ

天之御影神

武将にも
ファンが多いのよ
スポーツ上達

源頼朝、足利尊氏など多くの武将が寄進

　刀鍛冶の祖神。アマテラスの三男アマツヒコネの息子とも伝わっている。近江の御上神社に祀られていて、このあたりは古代から鍛冶の技術が進んでいて刀鍛冶や鉄砲鍛冶が栄えた。中世以降は武神として人気となり、この神社には木曾義仲、源頼朝、足利尊氏、豊臣秀吉など多くの武将が宝物を納めている。

家族構成 父：アマツヒコネ 祀られている主な神社 御上神社（滋賀）、国懸神宮（和歌山） 別名 明立天御影命（あけたつあめのみかげのみこと） ご利益 鍛冶・鋳物産業守護、家内安全、開運招福、災難除け、スポーツ上達

宇宙の根源神＆北極星の化身

アメノミナカヌシノカミ

天之御中主神

世界の中心で
始まりを叫ぶ
縁結び

北極星になったのは時代がくだってから

宇宙の始まりの最初に誕生した神。タカミムスビ、カミムスビとともに造《ぞう》化《か》三《さん》神《しん》といわれる。別天神《ことあまつかみ》5柱のうちの1柱。タカミムスビ、カミムスビと相談して、イザナギとイザナミに天沼矛《あめのぬぼこ》を渡して国土を作り上げるように指示した。後の時代になって道教の北極星信仰や仏教の妙見《みょうけん》信仰と合わさり、北極星の化身とされた。

祀られている主な神社 水天宮（福岡）、岡太神社（兵庫）、秩父神社（埼玉）、相馬中村神社（福島）、八代神社（熊本）、木嶋坐天照御魂神社（京都）、四柱神社（長野）、全国の水天宮、全国の妙見神社 **別名** 妙見菩薩 **ご利益** 安産、長寿、開運招福、出世、学問上達、技術向上、海上安全、厄除け、病気平癒、中風病退除、養蚕守護、縁結び

野望を抱き反逆した美男子

アメノワカヒコ
天若日子

おとぎ話で七夕の彦星のモデルに

国譲りのために遣わされた高天原からの第2の使者。しかしオオクニヌシの娘のシタテルヒメと結婚して婿となり、国を自分のものにしようと邪心を抱いて8年たっても帰らなかった。様子を見に来た使いの鳥を射殺してしまい、天罰によって死んでしまう。美男子ゆえに物語に多くとりあげられ、室町時代のおとぎ話では七夕の彦星のモデルになった。

家族構成 父：アマツクニタマ／妻：シタテルヒメ **祀られている主な神社** 天稚神社（京都）、安孫子神社（滋賀）、石座神社（愛知）、倭文神社（鳥取）、波波伎神社（鳥取） **ご利益** 産業振興、農業守護、厄除け、芸能上達

皇子と名前を交換した北陸の神様

イザサワケノミコト

伊奢沙別命

豊漁
お礼に
イルカをどうぞ

建内宿禰の夢に現れて

皇子ホムダワケ（後の応神天皇）と子守役の建内宿禰が敦賀に行ったとき、建内の夢に現れた地元の神様。夢の中で皇子と自分の名前の交換を提案。建内がそれに応じるとお礼があるから翌朝浜辺に来るように言う。翌朝、海はたくさんのイルカで溢れていた。皇子は感謝して、食べ物（ミケ）をくれたのでミケツの神と呼んだ。

祀られている主な神社 氣比神宮（福井） 別名 気比大神（けひのおおかみ）、御食津大神（みけつおおかみ） ご利益 航海安全、豊漁、五穀豊穣、病気平癒

神様界のゴッドファーザー

イザナギノミコト

伊邪那岐命

禊をしてアマテラスなど三貴子が誕生

妻イザナミと一緒にたくさんの国と神を生んだ。妻の死後、黄泉国（死者の国）へ妻を取り戻しに行くが、変わり果てた妻の姿を見て逃亡。怒って「1日に1000人殺してやる」というイザナミに対し「それならこちらは1日に1500の産屋を建てよう」と答えた。汚れを祓うために禊を行い、アマテラス、ツクヨミ、スサノオの三貴子を生む。

家族構成 妻：イザナミ／娘：アマテラス／息子：ツクヨミ、スサノオ 祀られている主な神社 伊佐奈岐宮／伊勢神宮（三重）→P138、伊弉諾神宮（兵庫）、江田神社（宮崎）、雄山神社（富山）、多賀大社（滋賀）、伊佐須美神社（福島）、筑波山神社（茨城） ご利益 商売繁盛、出世、開運招福、家内安全、延命長寿、病気平癒、縁結び、夫婦円満、子宝、安産、子育て

神様のお母さん

イザナミノミコト
伊邪那美命

子宝・安産
I ♥ NAGI
子作りもしましょう

火の神様を産んで火傷をおい……

夫イザナギと一緒にたくさんの国と神を生んだ。火の神様ヒノカグツチを生んだときに火傷をおい、そのために命を落とす。黄泉国に夫が迎えに来てくれたが、醜く変わり果てた姿を見られてしまい、恐れをなして逃げ出す夫に逆上。地上との境まで追いかけていき、「1日に1000人殺してやる」と言い、それが永遠の別れとなった。

家族構成 夫：イザナギ **祀られている主な神社** 伊佐奈弥宮／伊勢神宮（三重）→**P138**、神魂神社（島根）、揖夜神社（島根）、花窟神社（三重）、王子神社（東京）、愛宕神社（京都） **別名** 黄泉大神（よもつおおかみ）、道敷大神（ちしきのおおかみ） **ご利益** 商売繁盛、出世、開運招福、家内安全、延命長寿、病気平癒、縁結び、夫婦円満、子宝、安産、子育て

鏡作りのエキスパート

イシコリドメノミコト

伊斯許理度売命

こだわりの鏡に
アマテラスも
ビックリよ
延命長寿

三種の神器のヤタノカガミを製造

イシコリドメとは「石の鋳型を使って鏡を鋳造する老女」の意味。金属加工の神様で、鏡造り集団の祖。アマテラスが天岩戸に隠れたときにアマテラスを引き出すための宴に必要な八咫鏡《やたのかがみ》を作った。これは現在も天皇家に伝わる三種の神器のひとつ。その後、ニニギの天孫降臨にも同行した。

祀られている主な神社 鏡作坐天照御魂神社（奈良）、鏡作神社（奈良）、日前神宮（和歌山）、中山神社（岡山）、鞴神社／生國魂神社（大阪）、石井神社（新潟）、荒石比古神社（石川）

ご利益 鉄鋼・金物業守護、産業振興、延命長寿

長寿を司る岩の神様

イワナガヒメノミコト

石長比売命

美人は3日で飽きるのよ
縁切り

容姿が醜かったために帰らせられる……

　コノハナノサクヤヒメのお姉さん。ニニギがコノハナノサクヤヒメに求婚したとき、父のオオヤマヅミに結納品とともに差し出された。しかし容姿が醜かったためにニニギに帰らされてしまう。岩のように永遠の命を得るためにイワナガヒメが与えられたのに、それを拒んだため、天皇の寿命は花のようにはかないものになってしまったという。

家族構成 父：オオヤマヅミ／妹：コノハナノサクヤヒメ 祀られている主な神社 磐長姫神社（兵庫）、貴船神社結社（京都）、大将軍神社（京都）、伊砂砂神社（滋賀）、雲見浅間神社（静岡）、田中神社／佐太神社（島根） ご利益 縁切り、延命長寿

誰もが知ってるお稲荷さん

ウカノミタマノカミ

宇迦之御魂神

狐を神の使いと
しているの
商売繁盛

稲荷神社の数は全国でもトップクラス

お稲荷さんに祀られている稲の神様。『古事記』ではスサノオの子供だけど、『日本書紀』ではイザナギとイザナミの子供になっている。伊勢神宮外宮の神様トヨウケヒメと同じという説もあり。食べ物を司る神様を「ミケツカミ」といい、キツネは「ケツ」と鳴くことから、稲荷神社にはキツネが置かれるようになったとも。

家族構成 父：スサノオ／母：カミオオイチヒメ／兄：オオトシ **祀られている主な神社** 伏見稲荷大社（京都）、小津神社（滋賀）、小俣神社／伊勢神宮（三重）→P138、烏森神社（東京）、全国の稲荷神社 **別名** 倉稲魂命（うがのみたまのみこと）、稲荷神（いなりのかみ） **ご利益** 五穀豊穣、産業振興、商売繁盛、家内安全、芸能上達、百貨店・麻雀・煙草屋の守護

初代天皇のお父さん

ウガヤフキアエズノミコト

鵜葺草葺不合命

子宝・安産
サメに愛された男です

出産シーンを覗かれた母は再び海の国へ

父は「見てはいけない」と言われていたのに母の出産シーンを覗いてしまい、母が本来のサメの姿になっているのに驚いて逃げ出す。そのことを恥じた母は実家に帰ってしまったため、母のいない子に。不憫に思った母が自分の妹を養育係に送り、やがて叔母と甥の関係で結婚、4人の男子をもうけた。その末っ子が初代神武天皇。

家族構成 父：ヒコホホデミ／母：トヨタマヒメ／妻：タマヨリヒメ／息子：イツセ、イナヒ、ミケヌ、ワカミケヌ（神武天皇） 祀られている主な神社 鵜戸神宮（宮崎）→P149 別名 天津日高日子波限建鵜葺草葺不合命（あまつひこひこなぎさたけうがやふきあえずのみこと） ご利益 豊作、農業守護、夫婦円満、子宝、安産、開運招福、延命長寿、スポーツ上達、芸能上達

鎮魂祭祀のパイオニア

ウマシマヂノミコト

宇摩志麻遅命

これは
祈りのポーズ
厄除け

祭祀を司る物部氏の祖

父は神武天皇より先に大和に着いて治めていたニギハヤヒ。母は大和の国の土着の民ナガスネビコの妹。ナガスネビコは神武天皇が九州からやってきたときに激しく抵抗するが、神武天皇が天孫系と知ったニギハヤヒはそれに従い迎え入れた。ウマシマヂは「鎮魂」の祭祀のパイオニアとなった。祭祀を司る物部氏の祖。

家族構成 父：ニギハヤヒ／弟：タカクラジ 祀られている主な神社 物部神社（島根）、石上神宮（奈良）、能理刀神社（長崎）、小内神社（長野）、大石神社（山梨）、味鋺神社（愛知）
別名 可美真手命（うましまでのみこと） ご利益 鎮魂祈願、病気平癒、交通安全、社業繁栄、病気平癒、厄除け

死者も甦らせるスーパーナース

ウムギヒメ・キサガイヒメ

蛤貝比売・蚶貝比売

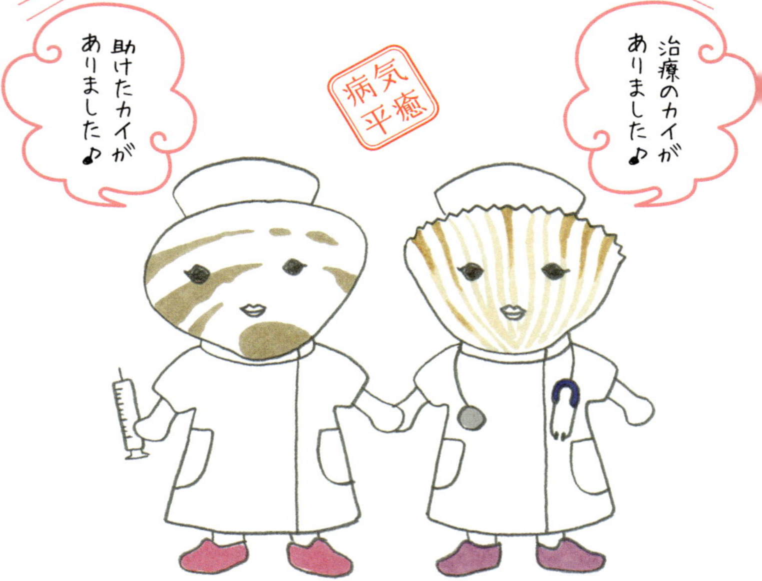
助けたカイがありました♪
病気平癒
治療のカイがありました♪

焼け死んだオオクニヌシを治療

兄神たちの嫉妬をかって殺されてしまったオオクニヌシを甦らせるためにカミムスビによって天上界から遣わされた。ウムギヒメはハマグリ、キサガイヒメは赤貝を神格化したもの。二人が貝殻を削って、それを水で練り合わせて、焼けた体に塗るとオオクニヌシは見事復活。オオクニヌシの命を助けたので出雲大社に祀られている。

祀られている主な神社 伊能知比売神社／出雲大社（島根）→P139、岐佐神社（静岡）、ウムギヒメ：法吉神社（島根）、キサガイヒメ：加賀神社（島根） ご利益 病気平癒、延命長寿、厄除け

八幡様としてメジャーデビュー

オウジンテンノウ
応神天皇

源氏のおかげで
有名になったよ
必勝祈願

神社の数はトップクラス

第15代天皇。両親が遠征中の福岡で生まれた。留守中に腹違いの兄たちの反乱にあうが、子守役の建内宿禰の働きで乱をおさめ大和に凱旋。後の時代になってから宇佐神宮の八幡神となり一気にブレイク。石清水八幡宮で源義家が元服して八幡太郎を名乗ってからは武神の性格が強まり、八幡神社は全国に広がった。

家族構成 父：仲哀天皇／母：神功皇后／息子：仁徳天皇 祀られている主な神社 宇佐神宮（大分）→**P145**、石清水八幡宮（京都）、鶴岡八幡宮（神奈川）、全国の八幡神社 別名 大鞆和気命（おおともわけのみこと）、品陀和気命（ほむだわけのみこと）、八幡大菩薩（はちまんだいぼさつ） ご利益 スポーツ上達、国家安泰、産業振興、子孫繁栄、必勝祈願、交通安全

神様界のプレイボーイ

オオクニヌシノカミ
大国主神

ウサギを助けてから運が向いてきたなあ
縁結び

出雲大社の縁結びの神様

もともとは兄神たちに虐げられる弱い神様だったが、義理の父スサノオから刀と弓をもらってからたくましく成長。スクナビコナと力を合わせて国作りをなした国土創世の英雄神。また女性にもモテモテで多くの浮き名を流す。天孫に国を譲った後は姿を消し幽冥界の大王となった。出雲大社に祀られている縁結びの神様。

家族構成 母：サシクニワカヒメ／妻：スセリヒメ、ヤガミヒメ、ヌナカワヒメ、カムヤタテヒメ、タギリヒメ、ミホツヒメ／息子：コトシロヌシ、タケミナカタ 祀られている主な神社 出雲大社（島根）→P139、神田明神（東京）、気多大社（石川） 別名 大穴牟遅神（おおなむちのかみ）、八千矛神（やちほこのかみ）、葦原色許男神（あしはらしこおのかみ） ご利益 縁結び、夫婦円満

悲劇のシェフ

オオゲツヒメノカミ
大宜都比売神

せっかくおもてなし
したのに・・・
縁結び

スサノオ大激怒で斬り殺される

　穀物や養蚕の神様。高天原を追放されたスサノオの要望に応えて鼻や口や尻から食材を取り出し調理するが、それを見たスサノオは「汚いものを食べさすな！」と激怒。怒ったスサノオに斬り殺されてしまう。その死体からも様々な穀類が生まれた。『日本書紀』でも似たような話があるが、そちらではツクヨミに殺されてしまう。

祀られている主な神社 丹生都比売神社（和歌山）、一宮神社（徳島）、上一宮大粟神社（徳島）、尾針神社（岡山）、小内八幡神社（長野） 別名 保食神（うけもちのかみ） ご利益 農業・漁業・養蚕・狩猟守護、航海安全、縁結び、子宝、安産、出世、開運招福、厄除け、必勝祈願、家内安全

子だくさんのおめでたい神

オオトシガミ

大年神

開運
笑う門には
福来たる

お正月にやってくる神様

スサノオの息子で農業の神様。お稲荷さんが妹。かまどの神様オキツヒコや酒の神様オオヤマクイをはじめ、たくさんの子供がいるビッグダディ。お正月にやってくる民俗神の年神と一緒になり、広く信仰されるようになった。門松が依《よ》り代《しろ》で、鏡餅はこの神様に備えるもの。家を守ってくれる祖先の霊として祀られている地方もある。

家族構成 父：スサノオ／母：カミオオイチヒメ／妹：ウカノミタマ／息子：オキツヒコ、オオヤマクイ 祀られている主な神社 朝熊神社／伊勢神宮、佐美長神社／伊勢神宮（三重）→P138、下谷神社（東京）、大歳御祖神社（静岡）、水無神社（岐阜）、葛城御歳神社（奈良）、全国の大歳神社 ご利益 五穀豊穣、産業振興、家内安全、開運招福、厄除け、夫婦円満、縁結び

縄文の王であり祟り神

オオモノヌシノカミ

大物主神

かなりのパワーを持ってます
心願成就

本当の姿は三輪山に住む蛇神

スクナビコナがいなくなって嘆いているオオクニヌシのところへ海のかなたから光り輝きながらやってきた神様。オオクニヌシの別名ともされているが、本当は大和の国の三輪山に住む蛇神。ヤマタノオロチのモデルとも。気に入った姫のトイレに矢に姿を変えて忍び込み陰部を突いたなんてエピソードもあり。神武天皇の義理のお父さん。

家族構成 妻：セヤダタラヒメ、ヤマトトモモソヒメ／娘：ヒメタタライスケヨリヒメ
祀られている主な神社 大神神社（奈良）、金刀比羅宮（香川）、全国の金刀比羅神社・琴平神社・金比羅神社と大神神社・美和神社・三輪神社 別名 三輪明神（みわみょうじん）
ご利益 開運招福、病気平癒、心願成就

江戸城、そして皇居の守護神

オオヤマクイノカミ

大山咋神

矢に変身して姫と結婚

名前の意味は「偉大な山の境界の棒」。山の化身であり、神々の酒奉行。比叡山の守護神。矢に変身してタマヨリヒメ（神武天皇のお母さんとは別）と結婚して生まれた子は、上賀茂神社のカモワケイカズチ。赤坂の日枝神社にも祀られていて、江戸城の守護神であり、徳川家の氏神様、明治になってからは皇居の守護神となった。

家族構成 父：オオトシ／妻：タマヨリヒメ／息子：カモワケイカズチ **祀られている主な神社** 松尾大社（京都）、日吉大社（滋賀）、日枝神社（東京）、全国の松尾神社と日吉神社と日枝神社 **別名** 山末之大主神（やますえのおおぬしのかみ）、鳴鏑神（なりかぶらのかみ）、山王（さんのう） **ご利益** 酒造守護、産業振興、子孫繁栄、厄除け、開運招福

もっとも偉大な山の神

オオヤマヅミノカミ

大山津見神

家内安全
大切に育てた娘なのに！

山だけでなく海も司る神

コノハナノサクヤヒメとイワナガヒメ姉妹のお父さん。気を利かしてイワナガヒメをニニギに差し出すが突き返されショックを受ける。偉大なる山の神で、海も司っている。巨大な神の力をもった軍神・武神。孫が子を生んだときにとても喜んでお酒を造ったのが酒造りの始まりと言われていて、酒解神《さけとけのかみ》と呼ばれ、造酒の祖神ともされている。

家族構成 娘：イワナガヒメ、コノハナノサクヤヒメ **祀られている主な神社** 大山祇神社（愛媛）、三嶋大社（静岡）、大山祇神社／伊勢神宮内宮（三重）→**P138**、全国の大山祇神社 **別名** 和多志大神（わたしのおおかみ）、酒解神（さけとけのかみ） **ご利益** 農業・林業・鉱山業守護、漁業・航海守護、酒造守護、産業振興、商売繁盛、受験合格、家内安全、安産、厄除け

天を舞い、雨を降らせる

オカミノカミ
淤加美神

ピッチピッチ
チャップチャップ
ランランラン
商売繁盛

貴船神社で料理人から信仰

水の神様のタカオカミノカミとクラオカミノカミの総称。龍神でもあり天を司っている。そのため雨乞いで祈られる神様。イザナギがヒノカグツチを斬ったときに剣からしたたった血が指の間から落ちて、そこから生まれた。一緒に生まれたクラミツハも水の神様。タカオカミは京都の貴船神社に祀られていて、料理人からの信仰が厚い。

祀られている主な神社 貴船神社（京都）、丹生川上神社上社・下社（奈良）、荏原神社（東京）、全国の意加美神社 別名 貴船神（きぶねのかみ） ご利益 雨乞い、晴乞い、商売繁盛、夫婦円満

台所の守り神

オキツヒコノミコト

奥津彦命

仏教の三宝荒神と一緒になり広まる

妹のオキツヒメとセットでかまどの神様。台所の守護神。火の神様ヒノカグツチと一緒に祀られることも多い。仏教の三《さん》宝《ぼう》荒《こう》神《じん》は不浄や災難を除去するということでかまどの神様となり、同じかまどの神様ということで一緒にされることもある。昔はどの家でも台所にかまどがあり、その守り神であるこの神様のお札などを貼っていた。

家族構成　父：オオトシ／妹：オキツヒメ　祀られている主な神社　神谷神社（香川）、戸神社（兵庫）、嘉麻土神社（兵庫）、笹御霊神社・小田巻神社（兵庫）、夷針神社（茨城）　別名　大戸比売神（おおべひめのかみ）　ご利益　家内安全、家畜守護、豊作、火難除け、開運招福

夫を愛しすぎた神

オトタチバナヒメノミコト

弟橘比売命

縁結び
永遠に
愛しているわ

愛する夫のために海に身を投じる

　ヤマトタケルのお妃。ヤマトタケルの戦いに同行し、横須賀から房総半島へ船で向かう途中で暴風雨にあい、海を静めるために身を投げた。ヒメの袖が流れ着いた場所を袖ヶ浦といい、ヒメの死を悲しんだヤマトタケルが詠んだ歌「君去らず　袖しが浦にたつ波の　その面影を　見るぞ悲しき」から木更津という地名になった。

家族構成 夫：ヤマトタケル **祀られている主な神社** 吾妻神社（千葉・神奈川）、橘樹神社（千葉・神奈川）、走水神社（神奈川）、大鳥神社（東京）、吾嬬神社（東京） **別名** 吾妻大明神（あずまだいみょうじん） **ご利益** 出世、開運招福、商売繁盛、縁結び

神々のオピニオンリーダー

オモイカネノカミ

思金神

知恵を授けよう
受験合格

天岩戸開きや国譲りでの作戦参謀

　智恵の神様。思慮深く、多くの知識を持ち、神々のアドバイザー的存在。アマテラスが天岩戸に隠れてしまったとき、どうやってアマテラスを天岩戸から出すかの作戦を考えた。また国譲りの際にも誰を使者に送るかのアドバイスをしたりと重大な場面で頼りにされる男。天孫降臨ではニニギに同行した。学問の神様として人気。

家族構成 父：タカミムスビ 祀られている主な神社 天安河原宮／天岩戸神社（宮崎）→**P147**、秩父神社（埼玉）、戸隠神社中社（長野）→**P154**、日前神宮（和歌山）、阿智神社（長野）、気象神社／高円寺氷川神社（東京）、思金神社（神奈川） 別名 八意思兼神（やごころおもいかねのかみ） ご利益 技能上達、学問上達、受験合格、出世、開運招福、木工職人守護

二人三脚の職人

カナヤマヒコノカミ・カナヤマヒメノカミ

金山毘古神・金山毘売神

剣でも鍬でも
私たちに任せて！
金運アップ

火傷で苦しむイザナミの吐瀉物から誕生

イザナミがヒノカグツチを生んで火傷で苦しんでいるときに嘔吐した吐瀉物から生まれた神様。鉱山の神様で金属技工を司る。兄妹とも夫婦ともいわている。包丁の守護神として岐阜県の南宮神社に祀られ、包丁製造業者に厚く信仰されている。イザナミはこの2柱の神様を生んだ後、糞、尿などからも多くの神様を誕生させた。

祀られている主な神社 南宮大社（岐阜）、金峯神社（奈良・新潟）、敢国神社（三重）、聖神社（埼玉）、川口神社（埼玉）、黄金山神社（宮城）、金山彦神社（大阪）、佐毘売山神社（島根）、西利太神社（島根）、丸子神社（静岡）、金山神社／若宮八幡宮（神奈川） **ご利益** 金銀銅山・石炭山の守護、金属加工業守護、金運、商売繁盛、開運招福、災難除け、厄除け

愛のキューピット

カミムスビノカミ

神産巣日神

ハートを撃ち抜いちゃうよ
縁結び

オオクニヌシのためにナースを派遣

　最初に誕生した造化三神のうちの1柱。単独で生まれて姿を見せなかったと書かれているが、スサノオに殺されたオオゲツヒメの死体から種をとったり、死んでしまったオオクニヌシを助けるためにウムギヒメとキサガイヒメを派遣したり、スクナビコナの父親だったりと、ちょいちょい登場。天地創造の神様であり、男女の「むすび」の神様。

家族構成 息子：スクナビコナ 祀られている主な神社 安達太良神社（福島）、高牟神社（愛知）、野井神社（島根）、命主社／出雲大社（島根）→P139、天津神社（京都）、阿須須伎神社（京都）、御祖神社（福岡）、東京大神宮（東京）、四柱神社（長野） ご利益 縁結び、豊作、厄除け、開運招福

えびす様のお母さん

カムヤタテヒメノミコト

神屋楯比売命

息子がこんなに
偉くなるなんて
子育て

美保神社では息子の近くでひっそりと

　オオクニヌシのたくさんいる妻のうちの一人。国譲りの中心人物であるコトシロヌシのお母さん。息子のコトシロヌシはふたつの本殿を持つ美保神社でオオクニヌシの別の妻ミホツヒメと一緒に祀られているが、このふたつの本殿の間にある大后社《おおきさきのやしろ》にカムヤタテヒメは祀られている。ちなみにオオクニヌシには180人の子供がいる。

家族構成 夫：オオクニヌシ／息子：コトシロヌシ 祀られている主な神社 大后社／美保神社（島根） ご利益 子宝、安産、子育て、厄除け

桃太郎将軍

キビツヒコノミコト
吉備津彦命

必勝祈願
鬼退治に行くぞ!

岡山の鬼退治をして桃太郎のモデルに

第7代孝霊天皇の皇子。反乱をおさえるために各地に派遣される四《し》道《どう》将《しょう》軍《ぐん》の一人で、異国からやってきて吉備国（岡山県）に住みついた鬼を退治するために派遣された。激しい戦いの末に鬼を退治し、この話が元になって桃太郎の話が生まれたとされている。祀られている吉備津神社の資料によると281歳まで生きたとか。

家族構成 父：孝霊天皇／姉：ヤマトトモモソヒメ **祀られている主な神社** 吉備津彦神社（岡山）、吉備津神社（岡山・広島）、二宮神社（広島）、田村神社（香川）**別名** 比古伊佐勢理毘古命（ひこいさせりびこのみこと）、大吉備津日子命（おおきびつひこのみこと）**ご利益** 産業振興、延命長寿、家内安全、厄除け、病気平癒、子育て、スポーツ上達、必勝祈願

物知りカカシ

クエビコノカミ
久延毘古神

動けないけど
何でも知ってるよ
受験
合格

スクナビコナの正体をあかした田んぼの神

物知りでこの世のことなら何でも知っているというカカシ。身体が一部崩れていて歩けない。友達はヒキガエル。スクナビコナがやってきたとき、オオクニヌシたちはこれが何者なのか誰もわからなかったが、クエビコは知っていてスクナビコナのことを説明した。田や農業の神様であり、知恵や学問の神様としても信仰されている。

祀られている主な神社　久延毘古神社／大神神社（奈良）、久氐比古神社（石川）、守田神社（長野）　ご利益　農業守護、学問上達、受験合格

木に宿る精霊

ククノチノカミ
久久能智神

原野の神様であり開拓の神様

木の神様であり原野の神様。また、開拓の神様でもある。「クク」は木々から転じたもの、また、草木がすくすくと伸びる状態のこと。イザナギとイザナミの神生みで風の神様シナツヒコの次に誕生。ククノチの後には山の神様オオヤマヅミや野の神様カヤノヒメが生まれた。『もののけ姫』にも登場する、木に宿る精霊の木霊《こだま》とされる。

祀られている主な神社 志等美神社／伊勢神宮（三重）→P138、公智神社（兵庫）、久久比神社（兵庫）、天日陰比咩神社（石川）、木魂神社／大津神社（岐阜）、飛鳥山口神社／飛鳥坐神社（奈良）、樽前山神社（北海道） 別名 木祖神（きのおやがみ） ご利益 国土開発、山林業守護、厄除け

命を救われた絶世の美女

クシナダヒメノミコト

櫛名田比売命

禍を転じて
福となす♥
縁結び

ヤマタノオロチの餌食になるところを救出

アシナヅチとテナヅチの８番目の娘で絶世の美女。毎年一人ずつお姉さんたちがヤマタノオロチの生贄とされ、ついにクシナダヒメの順番になって悲しんでいるところへスサノオが現れ、助けられる。スサノオがヤマタノオロチを退治する間は櫛に姿を変えられて、スサノオの髪に挿されていた。退治後、スサノオの奥さんとなった。

家族構成 父：アシナヅチ／母：テナヅチ／夫：スサノオ 祀られている主な神社 稲田神社（島根）、須我神社（島根）→P141、八重垣神社（島根）→P142、須佐神社（島根）、八坂神社（京都）、氷川女体神社（埼玉） 別名 稲田姫命（いなだひめのみこと）、奇稲田媛命（くしいなだひめのみこと） ご利益 稲作の守護、縁結び、夫婦円満、子宝、安産、開運招福

『日本書紀』のトップバッター

クニノトコタチノカミ

国之常立神

『古事記』では活躍ないけどね
厄除け

この神様を根源神にする宗派もあり

宇宙の始まりに現れた5柱の神様（別天神《ことあまつかみ》）の次に生まれた神《かみ》世七代《よななよ》（全部で12柱）の神様の最初の神様。『日本書紀』ではアメノミナカヌシではなく、このクニノトコタチが一番最初に誕生している。神道流派のひとつである吉田神道や伊勢神道、また教派神道の大本教などでは宇宙の根本の神様として重要な存在となっている。

祀られている主な神社 玉置神社（奈良）、御嶽神社（長野）、加波山神社（茨城）、大森神社（群馬）、大鳥神社（東京）、日枝神社（東京）、二宮神社（東京）、城南宮（京都）、山津照神社（滋賀） ご利益 国家安泰、出世、開運招福、商売繁盛、悪霊退散、厄除け、病気平癒、縁結び

エビスビールでお馴染み

コトシロヌシノカミ
事代主神

今日は何を釣ろうかな
商売繁盛

日本で唯一選ばれた七福神

　オオクニヌシの息子。タケミカヅチが出雲にやってきてオオクニヌシに国を譲るように迫ったとき、その判断を父に委ねられ、国譲りを承諾。自分はおまじないをして身を隠してしまう。釣り好きで漁業の神様。そのため、海と関係の深いえびす神と同一視されるようになり七福神のえびす様となった。商売繁盛の神様としても人気。

家族構成 父：オオクニヌシ／母：カムヤタテヒメ **祀られている主な神社** 美保神社（島根）、鴨都波神社（奈良）、長田神社（兵庫）、三嶋大社（静岡）、全国のえびす神社 **別名** 八重事代主神（やえことしろぬしのかみ）、積羽八重事代主神（つみはやえことしろぬしのかみ） **ご利益** 航海安全、豊漁、五穀豊穣、商売繁盛、開運招福、厄除け、病気平癒

ニニギをメロメロにした

コノハナノサクヤヒメノミコト
木花之佐久夜毘売命

子宝・安産
口は災いの元よ！

夫の疑惑を晴らすため猛火の中で無事出産

絶世の美女で、降臨してきたアマテラスの孫ニニギに一目惚れされ結婚。すぐに子供ができるが、一夜で子供ができたために夫に疑われる。その疑いを晴らすために火の中で出産。ホデリ、ホスセリ、ホオリの3兄弟を生む。後世、富士山の神とされるようになり浅間神社などで祀られているが、事実は浅間大神の巫女。

家族構成 父：オオヤマヅミ／姉：イワナガヒメ／夫：ニニギ／息子：ホデリ、ホスセリ、ホオリ **祀られている主な神社** 子安神社／伊勢神宮内宮（三重）→**P138**、富士山本宮浅間大社（静岡）、全国の浅間神社 **別名** 神阿多都比売命（かみあたつひめのみこと）、酒解子神（さけとけのこのかみ） **ご利益** 農業・漁業守護、航海安全、安産、子宝、火難除け、織物業守護

息子の窮地を何度も助けた母

サシクニワカヒメノミコト

刺国若比売命

息子オオクニヌシのために天上界へお願い

オオクニヌシのお母さん。息子が兄神たちに嫉妬されて殺されてしまうと、高天原に昇っていきカミムスビに助けを求めた。その結果、ウムギヒメとキサガイヒメを遣わしてもらい助けることができた。この後にもう一度殺されてしまい、なんとか助け出すと、このままでは危険だからと、根の国にいるスサノオのもとに旅立たせた。

家族構成 息子：オオクニヌシ 祀られている主な神社 赤猪岩神社（鳥取）、宮木諏訪神社（長野） ご利益 安産、子育て、厄除け

アメノウズメを射止めた大男

サルタヒコノカミ

猿田毘古神

天孫降臨を待って道案内

ニニギが天降ってくるときに地上へ続く道の途中で待っていて道案内を申し出た神様。そのときにアメノウズメと仲良くなり、天孫降臨がすむと二人で伊勢に帰って一緒に暮らすが、海で貝に手を挟まれて溺れて死んでしまう。身長2メートル以上で目はホオズキのように輝いていて鼻が大きく、天狗の原形とされる。導きの神様。

家族構成 妻：アメノウズメ **祀られている主な神社** 猿田彦神社（三重）→**P153**、椿大神社（三重）、二見興玉神社（三重）、白髭神社（滋賀）、佐太神社（島根）、大麻比古神社（徳島）、籠祖神社／神田明神（東京）、猿田彦神社／日枝神社（東京）、椋神社（埼玉） **別名** 精大明神 **ご利益** 延命長寿、災難・方位除け、厄除け、開運招福、商売繁盛

・54・

おじいちゃんはアドバイザー

シオツチノカミ

塩椎神

延命長寿
かなりの
物知りです

落ち込んでいるホオリにアドバイス

ホオリ（ヒコホホデミ）が兄ホデリに借りた釣り針をなくして落ちこんでいるときに現れ、竹で編んだ小舟に乗せて海神の住む海の国へと導いた神様。航海の神様で潮流を司っている。『日本書紀』では神武天皇と兄イツセに「東にいい国がある」と教え、神武天皇が九州から大和を目指すきっかけを作った。

祀られている主な神社 鹽竈神社（宮城）、青島神社（宮崎）、塩津神社（滋賀）、潮津神社（石川）、志宝屋神社／伊勢神宮（三重）→P138、方便神社／小野神社（東京）、籠祖神社／神田明神（東京）、船魂神社（北海道）、全国の塩釜神社 別名 塩土老翁神（しおつちのおじのかみ） ご利益 漁業・農業・製塩守護、航海安全、延命長寿、家内安全、開運招福

天まで届く泣き声

シタテルヒメノミコト
下照比売命

夫の死で号泣、泣き声は天にも届く

　オオクニヌシの娘。高天原からの国譲りのために遣わされた第２の使者アメノワカヒコの妻。アメノワカヒコがオオクニヌシの婿になって国を乗っ取ってしまおうというよこしまな考えを持っていたため返し矢を受けて死んでしまうと、天まで届く泣き声で泣き、夫の死を悲しむその姿は神々の同情を誘った。

家族構成 父：オオクニヌシ／母：タギリヒメ／兄：アヂシキタカヒコネ／夫：アメノワカヒコ
祀られている主な神社 比売許曽神社（大阪）、高鴨神社（奈良）、売布神社（兵庫）、伊和神社（兵庫）、白石社／貴船神社（京都）、下照姫神社／阿須利神社（島根） 別名 高比売命（たかひめのみこと） ご利益 夫婦円満、厄除け

神風吹かせてステージアップ

シナツヒコノカミ

志那都比古神

農業の神様から日本を守護する神様へ

イザナギとイザナミの神生みで誕生した風の神様。別名のシナトベはシナツヒコの姉もしくは妻という説もあり。伊勢神宮の別宮である風日祈宮《かざひのみのみや》と風宮《かぜのみや》でもそれぞれ２柱が祀られている。もともと農業に風が必要だったのでお祀りした農業神だったが、元寇で神風を吹かせたということで敵を吹き飛ばし、日本を守護する神様に。

祀られている主な神社 風日祈宮／伊勢神宮内宮、風宮／伊勢神宮外宮（三重）→P138、龍田大社（奈良）、龍田社／石清水八幡宮（京都）、早風神社／新田神社（鹿児島）、風神神社（岐阜）、天津賀佐彦神社（徳島）、小物忌神社（山形）、神威神社（北海道） **別名** 級長戸辺神（しなとべのかみ） **ご利益** 航海・航空安全、風邪平癒、国家安泰、開運招福

古代史最大の女傑

ジングウコウゴウ

神功皇后

妊娠中に新羅に自ら出兵

夫である仲哀天皇の遠征に同行し、急死した夫に代わって身重の体で新羅を攻め、従わせる。新羅攻め途中で産気づいたが、石を腰に巻いて出産を遅らせた。『日本書紀』では神功皇后のページに『魏志倭人伝』の卑弥呼の話があるので神功皇后が卑弥呼ではないかという説もある。戦前はお札にも肖像画が描かれていた。

家族構成 夫：仲哀天皇／息子：応神天皇 **祀られている主な神社** 宇佐神宮（大分）→P145、香椎宮（福岡）、住吉大社（大阪）、石清水八幡宮（京都）、気比神宮（福井）、全国の八幡神社 **別名** 息長帯比売命（おきながたらしひめのみこと）、聖母大菩薩（しょうもだいぼさつ）
ご利益 子宝、安産、子育て、受験合格、厄除け、病気平癒、家内安全、開運招福

理想の国を求めた旅人

ジンムテンノウ
神武天皇

45歳で宮崎を出発して大和を目指す

初代天皇。4人兄弟の末っ子。45歳のときに地元の宮崎を出発して大和を目指した（神武東遷）。地元勢力の反撃にあい、同行した兄イツセが戦死するなど苦労しつつ、熊野からヤタガラスの先導で吉野に入り、その後様々な戦いを経て軍を進め、国を開いた。日本の建国の祖。137歳で崩御。現在の天皇はここから数えて125代目。

家族構成 父：ウガヤフキアエズ／母：タマヨリヒメ 祀られている主な神社 宮崎神宮（宮崎）、狭野神社（宮崎）、多家神社（広島）、橿原神宮（奈良） 別名 神倭伊波礼毘古命（かむやまといわれひこのみこと）、若御毛沼命（わかみけぬのみこと）、豊御毛沼命（とよみけぬのみこと）、始馭天下之天皇（はつくにしらすすめらみこと） ご利益 開運招福、延命長寿

小さいけれど器は大きい

スクナビコナノカミ

少名毘古那神

病気平癒
山椒は小粒でも
ピリリと辛い

オオクニヌシと力を合わせて国作り

オオクニヌシと一緒に国作りを行った小さな神様。カミムスビの子供で、小さくて指の間からこぼれ落ちて出雲に流れ着いた。国作りの途中で消えてしまい、オオクニヌシを悲しませる。山や丘の造物者であり、命名神。酒造、医薬の神様。また、オオクニヌシとともに温泉の神様ともされている。おとぎ話の一寸法師のモデルとも。

家族構成　父：カミムスビ　祀られている主な神社　少彦名神社（大阪）、大神神社（奈良）、淡嶋神社（和歌山）、沙沙貴神社（滋賀）、大洗磯前神社（茨城）、温泉神社（栃木・福島）、神田明神（東京）、五条天神社（東京）、布多天神社（東京）、北海道神宮（北海道）　ご利益　病気平癒、縁結び、安産、子育て、産業振興、漁業守護、航海安全

・60・

泣き虫の暴れん坊

スサノオノミコト

須佐之男命

酒は飲んでも飲まれるな
縁結び

高天原での乱暴者が出雲ではヒーローに

黄泉国から帰ってきたイザナギが禊をしたときに鼻から生まれた神様。アマテラスの弟。天上界で大暴れし、アマテラスの岩戸隠れを引き起こす。天上界を追放された後、出雲を訪れ、ヤマタノオロチを退治して一転ヒーローに。生贄にされるはずだった絶世の美女クシナダヒメと結婚して幸せに暮らし、日本で最初の和歌を詠んだ。

家族構成 父：イザナギ／母：イザナミ／姉：アマテラス／兄：ツクヨミ／妻：クシナダヒメ／娘：スセリヒメ、宗像三女神／息子：イソタケル、オオトシ、ウカノミタマ 祀られている主な神社 熊野大社（島根）→P140、須我神社（島根）→P141、八重垣神社（島根）→P142、氷川神社（埼玉） 別名 建速須佐之男命（たけはやすさのおのみこと） ご利益 必勝祈願、縁結び

ジェラシーに悩む正妻

スセリヒメノミコト

須勢理毘売命

オオクニヌシと駆け落ちし夫を支える

スサノオの娘。出雲からスサノオを訪ねてきたオオクニヌシと恋に落ちる。スサノオが与える様々な試練に悩むオオクニヌシを助け、駆け落ちして結婚し正妻となる。このときオオクニヌシにはヤガミヒメという奥さんがいたので実は略奪婚。とても嫉妬深く、子供を連れてやってきたヤガミヒメを怖がらせて帰らせてしまう。

家族構成 父：スサノオ／夫：オオクニヌシ **祀られている主な神社** 大神大后神社／出雲大社（島根）→**P139**、那売佐神社（島根）、玉若酢命神社（島根）、多居乃上神社（鳥取）、総社宮（岡山）、総社（岡山）、大名持神社（奈良）、国魂神社（福島） **別名** 和加須世理比売命（わかすせりひめのみこと） **ご利益** 縁結び、厄除け

海を愛する男たち

スミヨシサンシン

（ソコツツノオノミコト・ナカツツノオノミコト・ウワツツノオノミコト）

住吉三神

（底筒男命・中筒男命・表筒男命）

仲哀天皇は神の指示に従わず急死

三柱の神様の総称。イザナギが黄泉国《よもつくに》から帰ってきて禊《みそぎ》をしたときに生まれた。海の神様で航海の守護神。仲哀《ちゅうあい》天皇の遠征中に神功皇后に神がかりして指示を出すが、仲哀天皇は従わなかったためにこの神様の怒りに触れて急死。夫の後を受け継いだ神功皇后はこの神様の指示に従って三韓征伐をなした。和歌上達の神様。

祀られている主な神社 住吉大社（大阪）、高良大社（福岡）、香椎宮（福岡）、風浪宮（福岡）、仁壁神社（山口）、風速神社（福井）、潮崎本之宮神社（和歌山）、安住神社（栃木）、石井神社（新潟）、全国の住吉神社 **別名** 墨江之三前大神（すみのえのみまえのおおかみ）
ご利益 航海安全、漁業・海運・貿易・造船守護

優秀なデベロッパー

タカクラジ

高倉下

夢のお告げに従い神武天皇に神剣を届ける

各地を開拓した神様。大和入り途中の熊野でにっちもさっちもいかなくなっていた神武天皇を心配したアマテラスとタカミムスビはタケミカヅチを派遣しようとする。タケミカヅチは自分が行く代わりに地上界の統一のときに使った剣をタカクラジに渡す。タカクラジがこの剣フツノミタマを神武天皇に届けると神武軍は完全復活した。

家族構成 父：ニギハヤヒ 祀られている主な神社 弥彦神社（新潟）、高倉神社（三重）、神倉神社（和歌山）、竹田神社（奈良）、高座結御子神社／熱田神宮（愛知）、香山神社（福井） 別名 天香山神（あめのかぐやまのかみ） ご利益 縁結び、夫婦円満、延命長寿、倉庫守護、産業振興、開運招福

アマテラスの絶対的パートナー

タカミムスビノカミ

高御産巣日神

重要な場面に
しばしば
登場するよ
縁結び

国譲り、天孫降臨、神武東遷などで活躍

宇宙の始まりの造化三神のうちの1柱。最初の登場シーンで「姿を見せなかった」と書いてあるのに、高天原ではアマテラスのパートナーとして、国譲り、天孫降臨、神武東遷などの重要場面で登場する。娘のヨロズハタトヨアキツシヒメはアマテラスの長男アメノオシホミミに嫁いでおり、天孫のニニギの祖父にあたる。

家族構成 息子：オモイカネ 祀られている主な神社 高天彦神社（奈良）→**P152**、飛鳥坐神社（奈良）、高皇産霊神社（奈良・大阪・石川）、天津神社（京都）、阿須須岐神社（京都）、草岡神社（滋賀）、阿羅波比神社（島根）、安達太良神社（福島） 別名 高木神（たかぎのかみ）、高天彦神（たかまひこのかみ） ご利益 開運招福、厄除け、縁結び

一円札にも描かれた忠臣

タケウチノスクネ

建内宿禰

長生き！元気！
360歳！
延命長寿

天皇を5代にわたって支え続ける

　第8代孝元天皇の孫で、第12代景行天皇から第16代仁徳天皇まで5代にわたり240年も仕え、360歳の長寿を誇った。蝦夷地視察、三韓征伐、応神天皇への反乱制圧など様々な功績があり、戦前は一円札に肖像画が使われた。大和政権を支えた有力氏族の共通の祖でもある。神功皇后と関係が深く、一緒に祀られることが多い。

祀られている主な神社 高良大社（福岡）、宇倍神社（鳥取）、住吉神社（山口）、黒男神社／宇佐神宮（大分）→**P145**、気比神宮（福井）、高良玉垂社／伊佐爾波神社（愛媛）、稗田神社（東京） **別名** 高良玉垂神（こうらたまだれのかみ） **ご利益** 延命長寿、スポーツ上達、厄除け、出世、商売繁盛、子育て

無敵のソルジャー

タケミカヅチノカミ

建御雷神

必勝祈願
向かうところ敵なし

第3の使者として国譲りを成功させる

イザナギがヒノカグツチを斬ったときの血から生まれた剣の神様。国譲りの第3の使者として出雲に派遣され、剣を波に逆さに立ててその切っ先に胡座をかいて交渉をして国譲りを成立させた。また大和入りする神武天皇の危機に際してはタカクラジの夢に現れて神剣を渡すように伝えて救った。鹿島では地震鯰《ナマズ》を押さえ込む神様。

家族構成 父：アメノオハバリ 祀られている主な神社 鹿島神宮（茨城）→P157、春日大社（奈良）、枚岡神社（大阪）、大原野神社（京都）、因佐神社（島根）、稲毛神社（神奈川）、全国の鹿島神社と春日神社 別名 建御雷之男神（たけみかづちのおのかみ） ご利益 地震除け、スポーツ上達、芸能上達、豊漁、航海安全、縁結び、安産、病気平癒、開運招福、必勝祈願

出雲の力自慢

タケミナカタノカミ

建御名方神

国譲りで最後まで抵抗し逃亡

　オオクニヌシの息子。兄弟のコトシロヌシが降伏した後も国譲りに反対し、使者のタケミカヅチと自慢の力比べを挑む。しかし勝負に負けて逃亡して諏訪で捕まり、国譲りを認めて諏訪から出ていかないと約束して命を救われる。その地で結婚し、御柱祭で有名な諏訪大社に祀られるようになった。武神や軍神としての信仰が厚い。

家族構成 父：オオクニヌシ／母：ヌナカワヒメ 祀られている主な神社 諏訪大社（長野）、大倭物代主神社（兵庫）、居多神社（新潟）、全国の諏訪神社 ご利益 農業守護、五穀豊穣、延命長寿、開運招福、スポーツ上達

勾玉アーティスト

タマノオヤノミコト

玉祖命

後世に残る作品が作れたよ
技術向上

アマテラスの岩戸隠れに活躍

玉造りの神様で、玉造部《たまつくりべ》の祖。アマテラスが天岩戸に隠れたときにオモイカネの指示で八尺瓊勾玉《やさかにのまがたま》を作った。この勾玉はこのとき一緒にイシコリドメが作った八咫鏡《やたのかがみ》とともに天皇家に伝わる三種の神器となり現在も宮中に奉安されている。ちなみに八咫鏡は伊勢神宮に、もうひとつの神器である草薙剣《くさなぎのつるぎ》は熱田神宮にある。

祀られている主な神社 玉作湯神社（島根）、玉祖神社（大阪、山口）、石作玉作神社（滋賀）
別名 天明玉命（あめのあかるたまのみこと）、羽明玉命（はのあかるたまのみこと）、櫛明玉神（くしあかるたまのかみ） ご利益 宝石・メガネ業種守護、技術向上

夜の世界を治める美男子

ツクヨミノミコト

月読命

『古事記』には記述が少ない謎の神様

イザナギが黄泉国から帰って禊をしたときに右目から誕生した神様。左目から誕生した姉アマテラスと鼻から誕生した弟スサノオとあわせて三貴子と呼ばれ、父イザナギから夜の世界を統治するようにいわれる。姉と弟に比べ『古事記』での登場回数は極端に少なく、最初の誕生シーンのみで後は一切出てこないミステリアスな神様。

家族構成 父：イザナギ／母：イザナミ／姉：アマテラス／弟：スサノオ 祀られている主な神社 月読宮／伊勢神宮（三重）、月夜見宮／伊勢神宮（三重）→**P138**、月読神社／松尾大社（京都）、月読神社（長崎）、御形神社（兵庫）、西照神社（徳島）、稲荷鬼王神社（東京）、月山神社（山形） ご利益 農業守護、五穀豊穣、豊漁、航海安全、家内安全

羽衣がトレードマーク

トヨウケヒメノカミ

豊宇気毘売神

アマテラスに呼ばれて伊勢神宮外宮へ

食物を司る五穀豊穣の恵みの神様。伊勢神宮外宮に祀られている豊受《とようけの》大《おお》神《かみ》のこと。伊勢へはアマテラス自らが雄略天皇の夢枕に立ち、自分の食事係をしてもらうために呼び寄せた。天の羽衣伝説の天女ともいわれていて、もともとは丹後で祀られていた。同じ食物神ということでお稲荷さんのウカノミタマと同じとされることもある。

家族構成 父：ワクムスビ **祀られている主な神社** 外宮／伊勢神宮（三重）→P138、籠神社（京都）、豊受大神社（京都）、奈具神社（京都）、比沼麻奈為神社（京都）、伊勢神社（岡山）、岡上神社（徳島）、東京大神宮（東京） **別名** 豊受大神（とようけのおおかみ） **ご利益** 農業・漁業守護、産業振興、開運招福、厄除け

海神の国からやってきた美人姉妹

トヨタマヒメノミコト・タマヨリヒメノミコト

豊玉毘売命・玉依毘売命

子宝・安産
見ないでって
言ったのに
姉さんの
代わりは任せて

出産シーンを見られてしまい……

海神ワタツミの娘の美人姉妹。姉トヨタマヒメはホオリ（ヒコホホデミ）の奥さんで、妹タマヨリヒメは姉の息子ウガヤフキアエズの奥さん。トヨタマヒメは本来のサメの姿での出産シーンを夫に見られてしまい、それを恥じて海神の国へ帰ってしまうが、息子が心配で妹を養育係として送った。タマヨリヒメは神武天皇のお母さん。

家族構成 父：ワタツミ　（トヨタマヒメ）夫：ヒコホホデミ／息子：ウガヤフキアエズ　（タマヨリヒメ）夫：ウガヤフキアエズ／息子：神武天皇 **祀られている主な神社** トヨタマヒメノミコト：豊玉姫神社（鹿児島）、海神神社（長崎）、若狭姫神社（福井） タマヨリヒメノミコト：玉前神社（千葉）、玉依比売神社（長野） **ご利益** 子宝、安産、子育て、豊漁、航海安全

・75・

空を自由に羽ばたく神

トリノイワクスフネノカミ

鳥之石楠船神

国譲りのためにタケミカヅチを乗せて

鳥のように空を飛べ、鳥のように自在に駆け巡ることのできる船の神様。交通を司る神様で別名はアメノトリフネ。タケミカヅチが国譲りの使者として高天原から遣わされたときに乗っていた船。『日本書紀』の一書（日本書紀にはいろんな説が「一書」という形で書かれてる）では、この船に乗せてヒルコを流したことになっている。

祀られている主な神社 神崎神社（千葉）、息栖神社（茨城）、岩船神社（茨城）、隅田川神社（東京）、金刀比羅大鷲神社（神奈川）、鳥船神社／所沢神明社（埼玉）、船玉神社／住吉大社（大阪） **別名** 天鳥船神（あめのとりぶねのかみ） **ご利益** 交通安全、航海安全、航空安全

神様界の泣き女

ナキサワメノカミ

泣沢女神

瑞々しいでしょ
延命長寿

妻の死を悲しむイザナギの涙から誕生

イザナミの死を悲しみ、横たわる死体にすがって号泣するイザナギの涙から生まれた神様。名前の意味は「さめざめと泣く神」。昔の日本では葬儀のときに泣く儀式があり、専門の女性がいたそう。また、泉の湧水の精霊神で、ナキサワメが祀られている奈良の哭《なき》沢《さわ》女《め》神社には泣沢という井戸があり、神社の御神体になっている。

祀られている主な神社 畝尾都多本神社（奈良）、藤並神社（和歌山） **ご利益** 安産、子育て、延命長寿

心強い旅仲間

ニギハヤヒノミコト

邇芸速日命

大和に先に
着いたのは私です
病気平癒

先に大和入りしていた天孫族

ニニギと別に天磐船《あまのいわふね》に乗って空を飛んで降臨した神様。大和土着の勢力のナガスネヒコの妹と結婚し大和を治めていた。神武天皇が天孫の正当な系統であることを知って、大和入りに抵抗するナガスネビコを殺して神武に従う。『古事記』『日本書紀』以外の歴史書ではニニギの兄アメノホアカリと同じ神様とされている。

家族構成 息子：タカクラジ、ウマシマヂ 祀られている主な神社 籠神社（京都）、物部神社（島根）、物部天神社（埼玉）、石切劔箭神社（大阪）、磐船神社（大阪）、矢田坐久志玉比古神社（奈良）、稲村神社（茨城） 別名 天照国照彦天火明櫛玉饒速日尊（あまてるくにてるひこあめのほあかりくしたまにぎはやひのみこと） ご利益 心願成就、病気平癒

行動力はピカイチ

ニニギノミコト
邇邇芸命

ばあちゃんの
名にかけて
家内安全

三種の神器と稲穂をもって天孫降臨

　父が役目を拒んだため、三種の神器と稲穂を携えて高天原から天孫降臨した。アマテラスの孫なので「天孫」。降りてきた土地でコノハナノサクヤヒメに一目ぼれして結婚。その父オオヤマヅミが気を利かせて姉イワナガヒメも一緒に贈ったが容姿が醜かったために返す、妻が一晩で懐妊するとそれを疑うなど、微妙な行動も。

家族構成 父：アメノオシホミミ／母：ヨロズハタトヨアキツシヒメ／兄：アメノホアカリ／妻：コノハナノサクヤヒメ／息子：ホデリ、ホスセリ、ホオリ（ヒコホホデミ） **祀られている主な神社** 霧島神宮（鹿児島）→**P148**、新田神社（鹿児島）、射水神社（富山）、天津神社（新潟）、鳥森神社（東京）、築土神社（東京）、箱根神社（神奈川） **ご利益** 五穀豊穣、国家安泰、家内安全

ロマンチックな歌姫

ヌナカワヒメノミコト

沼河比売命

だめよ〜、
だめだめ
子宝・安産

その日は結ばれずに翌日に

オオクニヌシのたくさんいる妻のうちの一人。越国（福井、富山、新潟）のお姫様。オオクニヌシはヒメの噂を聞いて妻にしたいと思ってはるばる出かけていった。『古事記』にはそのときに二人が送りあった歌が載っている。国譲りで最後まで抵抗したタケミナカタのお母さんで、息子と一緒に諏訪大社の下社に祀られている。

家族構成 夫：オオクニヌシ／息子：タケミナカタ **祀られている主な神社** 御座石神社／諏訪大社上社（長野）、子安社／諏訪大社下社（長野）、居多神社（新潟）、奴奈川神社（新潟）、気多神社（富山）、手速比咩神社（石川） **ご利益** 子宝、安産

糞から生まれた埴輪カップル

ハニヤスヒコノカミ・ハニヤスヒメノカミ

波邇夜須毘古神・波邇夜須毘売神

尿から生まれた神様と一緒に肥料の神様に

イザナミがヒノカグツチを生んで火傷をして苦しんでいるときに糞をして、そこから生まれた男女一対の神様。土の神様で田畑の土壌の神様。この後に尿から生まれたミツハノメと一緒に肥料の神様にもなっている。ハニヤスとは粘土のこと。そのため陶芸の神様としても信仰されている。埴輪のモデル。セットで埴安神《はにやすのかみ》ともいう。

祀られている主な神社 畝尾坐健土安神社（奈良）、愛宕神社（京都）、榛名神社（群馬）、上社（三重）、磐椅神社（福島）、秋葉神社（東京） 別名 埴山姫（はにやまひめ） ご利益 農業守護、陶芸上達、子宝、安産

魔法の珠を操る山幸彦

ヒコホホデミノミコト

日子穂穂手見命

竜宮は
絵にも描けない
美しさダネ
子宝・安産

竜宮城へ入った話が浦島太郎のモデルに

ニニギとコノハナノサクヤヒメの三男。別名ホオリ、または山幸彦。山の猟を司る神様で、海の漁を司る兄ホデリ（海幸彦）と猟の道具を交換して海で釣りをするが、大事な釣り針をなくしてしまう。困っているところへシオツチが現れ海神の国竜宮《りゅうぐう》へ導かれ、トヨタマヒメと出会い結婚する。この話が浦島太郎のモデルになった。

家族構成 父：ニニギ／母：コノハナノサクヤヒメ／兄：ホデリ、ホスセリ／息子：ウガヤフキアエズ 祀られている主な神社 鹿児島神宮（鹿児島）→P150、若狭彦神社（福井） 別名 天津日高日子穂穂手見命（あまつひこひこほほでみのみこと）、火遠理命（ほおりのみこと）、山幸彦（やまさちひこ） ご利益 農業・漁業・畜産守護、商売繁盛、航海安全、縁結び、子宝、安産

聞く耳を持つ神

ヒトコトヌシノオオカミ

一言主大神

時代を経るにつれて立場が低くなり最後は……

一言の願いであれば何でも聞き届けてくれる神様。『古事記』下巻に登場。第21代雄略天皇が山で狩りをしていたときに天皇と全く同じ姿で現れて身分をあかし、雄略天皇は恐れ入って持ち物をすべて献上した。同じ話はその後もいくつかあるが、時代を経るにつれてヒトコトヌシの立場が低くなっていき、最後は土佐に島流しにあってしまう。

祀られている主な神社 葛城一言主神社（奈良）、土佐神社（高知）、一言主神社（茨城）、東鴨神社（香川） **別名** 言離神（ことさかのかみ） **ご利益** 心願成就、開運招福、厄除け

原罪を背負った運命の子

ヒノカグツチノカミ

火之迦具土神

母ちゃん、ごめん
火難除け

イザナミを死に至らしめた最後の息子

火の神様。生まれるときに母イザナミを火傷させてしまい、イザナミはそれが原因で死んでしまう。怒った父イザナギに斬り殺され、そのときに流れた血から8柱、切られた肉体から8柱と、多くの神様が誕生。鎮火や防火の神様で、江戸を火災から守るために静岡の秋葉神社を呼んだ場所が秋葉原。陶磁器の神様としても人気。

祀られている主な神社 愛宕神社（京都）、秋葉神社（静岡）、榛名神社（群馬）、花窟神社（三重）、火男火売神社（大分）、全国の愛宕神社と秋葉神社 **別名** 火之夜芸速男神（ひのやぎはやおのかみ）、火之炫毘古神（ひのかがびこのかみ）、軻遇突智神（かぐつちのかみ）、火産霊神（ほむすびのかみ） **ご利益** 鎮火、火難除け、郷土守護

流されてしまった悲運の赤ちゃん

ヒルコ

水蛭子

その後の運命やいかに
商売繁盛

流れ着いた先で大事に育てられて神様に

イザナギとイザナミの間に生まれた最初の子。だが体が不完全だったため船で流されてしまう。その後のことは『古事記』には書かれていないが、流れ着いた先で来訪神として大切に育てられ夷《えびす》三郎《さぶろう》大明神と呼ばれ崇められた（海からの来訪神をえびす神と呼んでいた）。同じくえびす神のコトシロヌシと一緒にされることも多い。

祀られている主な神社 西宮神社（兵庫）、和田神社（兵庫）、須部神社（福井）、全国のえびす（恵比寿・戎・夷・蛭子）神社 **別名** 夷三郎大明神（えびすさぶろうだいみょうじん）、恵比寿（えびす） **ご利益** 豊漁、航海安全、交易、商売繁盛

お祭りのスペシャリスト

フトダマノミコト

布刀玉命

子孫は四国の阿波から房総の安房へ

玉の化身。祭祀を担当する忌部《いんべ》氏の祖。アマテラスが隠れた天岩戸の前でアメノコヤネとともに究極の祝詞《のりと》を最初に奏上した神様。玉串《たまぐし》や注連縄《しめなわ》を作るなどアマテラスを呼び出す準備をした神主の起源。ニニギの天孫降臨にも同行した。神武天皇の時代に末裔のアメノトミが阿波国から東国を目指し、房総の安房を開拓した。

祀られている主な神社 安房神社（千葉）、大麻比子神社（徳島）、天津神社（新潟）、粟井神社（香川）、天太玉命神社（奈良）、忌部神社（島根）、洲崎大神（神奈川） **別名** 天太玉命（あめのふとだまのみこと）、大麻比子命（おおあさひこのみこと） **ご利益** 災難除け、厄除け、方位除け、縁結び、産業振興、技術向上

鉄壁のガードマン

フナドノカミ

船戸神

悪霊を防ぐ道祖神の原形

黄泉国から帰ってきたイザナギが禊をするために身につけていたものを脱ぎ捨てたとき一番最初に杖から生まれた神様。悪神や悪霊が集落に入るのをさえぎる神様で、道の分岐点などに祀られている道祖神の原形。『日本書紀』では黄泉国からの逃亡中に追っ手を遮るために投げた杖から生まれたことになっている。

祀られている主な神社 息栖神社（茨城）、出雲井社／出雲大社→P139、森神社（滋賀）、御杖神社（奈良）、船戸神社／春日大社（奈良） **別名** 衝立船戸神（つきたつふなどのかみ）、道祖神（どうそじん）、塞の神（さえのかみ）、久那斗神（くなどのかみ） **ご利益** 悪霊退散、交通安全、厄除け

弟をなかなか許せなかった兄

ホデリノミコト

火照命

洋服の文様が
個性的でしょ
航海安全

最後には降参し弟の宮殿の守護に

ニニギとコノハナノサクヤヒメの間に生まれた三兄弟の長男。海の漁を司る神様で海幸彦ともいう。弟ホオリ（ヒコホホデミ／山幸彦）が自分の釣り針をなくしたことを許さず、弟を悲しませる。3年後、ワタツミからもらった珠でホオリにこらしめられると降参し、弟の宮殿を守護することを約束する。隼《はや》人《と》の祖で海人族の長。

家族構成 父：ニニギ／母：コノハナノサクヤヒメ／弟：ホスセリ、ホオリ（ヒコホホデミ）
祀られている主な神社 野間神社（鹿児島） 別名 海幸彦（うみさちひこ） ご利益 航海安全、豊漁、厄除け

忠誠心には自信あり

ホノイカズチノカミ

火雷神

1500人の軍隊を率いて逃げるイザナギを追走

黄泉国で、死んだイザナミの身体から生じた神様。イザナギはイザナミから見てはいけないと言われていたのに覗いてしまい、腐って蛆がわき身体から８つの雷が出ている妻の姿に恐れて逃げ出す。怒ったイザナミは８つの雷神に1500人の軍隊をつけて後を追わせた。雷は稲の生長を促すと考えられ稲作の守護神ともなっている。

祀られている主な神社 葛木坐火雷神社（奈良）、愛宕神社（京都）、雷電神社（群馬） **別名** 雷神（いかずちのかみ） **ご利益** 雨乞い、農業守護、厄除け

清らかな水の精

ミツハノメノカミ

弥都波能売神

紙すき、
いかがですか？
子宝・安産

苦しむイザナミの尿から誕生

イザナミがヒノカグツチを生んで火傷をして苦しんでいるときに漏らした尿から生まれた神様。「ミツハノメ」とは、水が走る、水が這うという意味。水の神様で、湧きいづる泉の精。ミツハノメを祀る福井の大瀧神社の社伝によると、乙女の姿で村人の前に現れ、紙すきの技術を教えたとか。この和紙が越前和紙となって広まった。

祀られている主な神社 岡太神社／大瀧神社（福井）、瀧神社（岐阜）、丹生川上神社中社（奈良）、丹生神社（滋賀）、秋葉神社（東京） 別名 罔象女神（みづはのめのかみ） ご利益 雨乞い、晴乞い、治水、商売繁盛、子宝、安産

美人すぎる三姉妹

ムナカタサンジョシン
（タギリヒメノミコト、イチキシマヒメノミコト、タギツヒメノミコト）

宗像三女神
（多紀理毘売命・市寸島比売命・多岐都比売命）

海の安全を守ります
交通安全

スサノオの剣から誕生し潔白を証明

アマテラスとの誓約《うけい》で生まれたスサノオの娘の美人三姉妹。アマテラスがスサノオの剣を３つに折って聖水をふりそそぎ、噛んで吹き捨てた息から誕生。女の子が生まれたことでスサノオは邪心がないことが証明された。長女のタギリヒメはオオクニヌシの奥さん、次女のイチキシマヒメは後に神仏が合わさって弁天様となった。

家族構成 父：スサノオ　（タギリヒメ）夫：オオクニヌシ／息子：アヂシキタカヒコネ／娘：シタテルヒメ **祀られている主な神社** 宗像大社（福岡）→P144、厳島神社（広島）→P143
別名 タギリヒメ：沖津島姫比売命（おきつしまひめのみこと）、田心姫命（たごりひめのみこと）、イチキシマヒメ：狭依毘売命（さよりびめのみこと） **ご利益** 海上安全、交通安全

オオクニヌシに首ったけ

ヤガミヒメノミコト

八上比売命

私のほうが
先に出会ったのに。
くすん。
美容・健康

正妻の嫉妬を恐れて子供置いて実家へ

オオクニヌシのたくさんいる妻のうちの最初の妻。因幡の白ウサギのお話に登場するお姫様で、美人の噂を聞いて求婚するために押しかけたオオクニヌシの兄神たちを袖にしてオオクニヌシを選んだ。オオクニヌシを追いかけて出雲まで行くが、正妻となっていたスセリヒメの嫉妬を恐れ、子供を置いて実家に帰ってしまった。

家族構成 夫：オオクニヌシ 祀られている主な神社 稲葉神社（鳥取）、売沼神社（鳥取）、八上姫神社（島根） ご利益 子宝、安産、美容、健康

古代史最大のヒーロー

ヤマトタケルノミコト

倭建命

まだ戦えと
言うのか…
必勝祈願

転戦を繰り返し最後は白鳥になって空へ

父である景行天皇の命を受けて各地を転戦する古代史の大ヒーロー。熊襲征伐のときには女装をして油断させて敵の大将を殺した。東国遠征では叔母ヤマトヒメから草薙剣《くさなぎのつるぎ》を与えられる。伊吹山の神を退治しにいったときに山の神の毒気にあたり都を思いながら命を落とす。死後、魂は白鳥になって飛んで行った。

家族構成 父：景行天皇／妻：オトタチバナヒメ／息子：仲哀天皇 祀られている主な神社 熱田神宮（愛知）、大鳥大社（大阪）、建部大社（滋賀）、能褒野神社（三重）、大鳥神社（東京）、鳥越神社（東京）、鷲神社（東京）、全国の白鳥神社 別名 小碓命（おうすのみこと）、倭男具那命（やまとおぐなのみこと） ご利益 国家安泰、商売繁盛、出世、受験合格、必勝祈願

箸墓に眠るスーパー巫女

ヤマトトモモソヒメノミコト

夜麻登登母母曾毘売命

卑弥呼と
呼ばれてます
心願成就

夜にしか来ない夫の姿を見るとそれは……

第7代孝霊天皇の娘。三輪山の神オオモノヌシの奥さん。夜にしか会いにこない夫に姿を見たいとお願いすると、翌朝に櫛箱に入っていると言われたので見てみるとそこには小さな蛇がいて驚いてしまう。そして神に恥をかかせたことを悔やみ、箸で自分を刺して死ぬ。そのため墓を箸墓という。巫女的な存在で、卑弥呼という説も。

家族構成 父：孝霊天皇／弟：キビツヒコ／夫：オオモノヌシ 祀られている主な神社 田村神社（香川）、水主神社（香川）、神御前神社／大神神社（奈良）、岡山神社（岡山） 別名 倭迹迹日百襲媛命（やまとととひももそひめのみこと） ご利益 心願成就、家内安全、厄除け、延命長寿

アマテラスとどこまでも

ヤマトヒメノミコト

倭比売命

千里の道も
一歩から
交通安全

アマテラスの魂の鎮まる土地を求めて全国へ

おばのトヨスキイリヒメに代わってアマテラスの鎮まる土地を求めて全国を歩いて回った。伊勢を訪れたとき「うまし国なり。この国におらんとおもう」というアマテラスの言葉を受けて伊勢の地にアマテラスを祀り、これが伊勢神宮となる。東国に向かう甥のヤマトタケルを励まし、三種の神器のひとつ草薙剣を与えた。

家族構成 父：垂仁天皇　祀られている主な神社 倭姫宮／伊勢神宮（三重）→P138 ご利益 交通安全、厄除け

天孫の母、もうひとつの顔は織り姫

ヨロズハタトヨアキツシヒメノミコト
万幡豊秋津師比売命

名前の由来からわかる織物との関係

タカミムスビの娘でアマテラスの長男アメノオシホミミの奥さん。『日本書紀』に書かれている別名（『古事記』と『日本書紀』では名前の表記などが違う）はタクハタチヂヒメ。両方の名前にある「ハタ」は機織りのこと。名前の通り、織物の神様として信仰される。織物の神様ということで、後の時代に七夕の織女と一緒になった。

家族構成 父：タカミムスビ／夫：アメノオシホミミ／息子：アメノホアカリ、ニニギ
祀られている主な神社 塩沢神社（福島）、泉穴師神社（大阪）、伊豆山神社（静岡） 別名 栲幡千千姫命（たくはたちぢひめのみこと） ご利益 織物業守護、縁結び、子宝、安産

カリスマ庭師

ワクムスビノカミ

和久産巣日神

五穀豊穣
頭から蚕と桑が
生えました

娘は伊勢神宮外宮に祀られているトヨウケヒメ

イザナミがヒノカグツチを生んで火傷をして苦しんでいるときに漏らした尿からミツハノメの次に生まれた。名前の意味は「ワク」は若い、「ムスビ」は生成で、穀物の生育を司る神という意味。伊勢神宮外宮に祀られているトヨウケヒメの親で五穀や養蚕の神様。『日本書紀』ではヒノカグツチの子供になっている。

家族構成 娘：トヨウケヒメ **祀られている主な神社** 愛宕神社（京都）、安積国造神社（福島）、竹駒神社（宮城）、麻賀多神社（千葉）、王子稲荷神社（東京）、御崎神社（山梨） **ご利益** 農業守護、五穀豊穣、開運招福、災難除け、子孫繁栄

偉大な海神

ワタツミノカミ
綿津見神

娘婿のホオリに魔法の珠を授ける

海の神様。イザナギとイザナミの国生みの後の神生みで、家屋の守護神を生んだ後に生まれた。海の神様は3神で、この後にハヤアキツヒコとハヤアキツヒメが誕生。トヨタマヒメとタマヨリヒメのお父さんで、竜宮城の大王。ホオリ（ヒコホホデミ／山幸彦）にふたつの魔法の珠を授け、兄ホデリを降伏させる。

家族構成 娘：トヨタマヒメ、タマヨリヒメ 祀られている主な神社 志賀海神社（福岡）、鹿児島神社（鹿児島）、竜宮社／二見興玉神社（三重）、全国の海神社と綿津見神社（全国） 別名 大綿津見神（おおわたつみのかみ）、豊玉彦（とよたまひこ） ご利益 航海安全、豊漁

反逆する星の王子様

アマツミカボシ

天津甕星

タケミカヅチとフツヌシに最後まで抵抗

『日本書紀』に登場する星の神様。出雲をはじめとする地上界を従わせる戦いをするタケミカヅチとフツヌシの東国作戦のときに常陸国にいて最後まで服従しなかった。織物の神様タケハツチによってようやく服従した悪しき神。タケハツチを祀る大甕倭文神社の奥宮はアマツミカボシを封じ込めた石の上に建っている。

祀られている主な神社 星宮社（愛知）、星神社（愛知）、穴石神社（三重）、星宮神社／太平山神社（栃木） 別名 天香香背男（あめのかがせお）、星神香香背男（ほしのかがせお）、香香背男（かがせお） ご利益 スポーツ上達、厄除け

酉の市のお酉さま

アメノヒワシノカミ

天日鷲神

おおっ！
植物の繊維で
服が作れる！
子孫繁栄

フトダマに同行して阿波を開拓

　フトダマに従い天岩戸開きに協力した織物の神様。天孫降臨にもフトダマに従って同行した。その後、阿波国（徳島）を開拓し、穀麻を植えて紡績産業を広め阿波の忌部氏の祖神となる。フトダマに従った他の4神は讃岐、紀伊、出雲、筑紫・伊勢の忌部氏の祖となった。アメノヒワシは酉の市のお酉様としても知られる。

祀られている主な神社 忌部神社（徳島）、鷲神社（東京）、下立松原神社（千葉）、和志取神社（愛知） 別名 麻植神（おえのかみ）、天加奈止美命（あめのかなとびのみこと）、天日別命（あめのひわけのみこと） ご利益 産業振興、織物業守護、子孫繁栄

刀鍛冶のひょっとこ

アメノマヒトツノカミ
天目一箇神

刀を作る
火男です
火難除け

天岩戸開きでは刀剣や斧を作り活躍

製鉄・鍛冶の神様。天岩戸開きのときに刀剣や斧を作った。『古事記』ではこの役をアマツマラがやっているので同じ神様ともいわれている。天孫降臨のときにフトダマに率いられた五神のうちの1柱で筑紫・伊勢の忌部氏の祖。「ひょっとこ」の語源は「ひおとこ」であるとの説から、ひょっとこのモデルともいわれている。

家族構成 父：アマツヒコネ **祀られている主な神社** 一目連神社／多度大社（三重）、鏡神社（滋賀）、薄野一目神社（熊本） **別名** 天之麻比止都禰命（あめのまひとつねのみこと）、天久斯麻比止都命（あめのくしまひとつのみこと） **ご利益** 農業・漁業・金属業守護、火難除け、家内安全、スポーツ上達

ミステリアスすぎる神

アラハバキ

荒覇吐

病気平癒
ワレワレハ、
宇宙人ダ

その姿は縄文時代の遮光器土偶とも

日本神話とは別系統の謎の神様。『古事記』をはじめとする歴史書への記述はない。宇宙から飛来した宇宙人ではないかという説もある。東北地方で多く出土している縄文時代の遮光器土偶はその姿ともいわれ東北地方で多く祀られている。神武天皇の大和入りに抵抗したナガスネビコだとする説もある、とにかく謎だらけの神様。

祀られている主な神社 門客人神社／氷川神社（埼玉）、荒脛神社（宮城） **ご利益** 厄除け、病気平癒、子孫繁栄

元祖・木を植えた男

イソタケルノカミ

五十猛神

天上から種を持って降り日本中で植樹

　父スサノオと天降るときに樹木の種を持ってきて、最初は朝鮮半島の新羅に降りたが、そこにいることを嫌い、日本に渡り、日本国中を植樹して歩いた。そのために日本は緑豊かになったという。林業の神様として信仰されている。『古事記』に出てくる、オオクニヌシを助けるオオヤビコと同じ神様といわれる。

家族構成 父：スサノオ 祀られている主な神社 伊太祁曽神社（和歌山）、来宮神社（静岡）、度津神社（新潟）、杉山神社（神奈川）、五十猛神社（島根）、高瀬神社（富山）、射楯兵主神社（兵庫）、猛島神社（長崎） 別名 大屋毘古神（おおやびこのかみ）、射楯神（いたてのかみ） ご利益 林業守護、造船、航海安全、豊漁、商売繁盛、開運招福、悪疫退散、厄除け

嵐を呼ぶ男

イブキドヌシノカミ

気吹戸主

厄除け
穢れも吹き飛ばすぜ！

祓戸四神のうちの1柱

罪・穢を祓い去る祓戸《はらえど》四神のうちの１柱。風の化身。海原の大風、つまり台風ともいえる。すべてを清める神。祓戸四神の他の3柱は、セオリツヒメ、ハヤアキツヒメ、ハヤサスラヒメ。四神のうちハヤアキツヒメは海神ワタツミの後に誕生した海の神様３柱のうちの１柱で唯一『古事記』に記述がある。

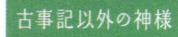

祀られている主な神社 伊吹神社（京都）、佐久奈度神社（滋賀）、祓戸神社（鹿児島）、祓社／出雲大社（島根）→**P139**、祓戸社／金刀比羅宮（香川）、祓戸社／大神神社（奈良）
ご利益 厄除け

夫婦問題アドバイザー

ククリヒメノカミ
菊理媛神

仲良きことは
美しきかな
縁結び

イザナギとイザナミの言い争いを仲裁

『日本書紀』によると、イザナギがイザナミを連れ戻すために黄泉国へ行き、逃げ帰ってきたとき、黄泉《よもつ》比《ひ》良《ら》坂《さか》で言い争う二人の間に立ってそれぞれの言葉を伝え、仲裁した神様。このおかげでイザナギは無事に黄泉国を脱出することができた。白山信仰の中心となる神様で、全国の白山神社で祀られている。

祀られている主な神社 白山比咩神社（石川）→P155、全国の白山神社 **別名** 白山比咩大神(しらやまひめのおおかみ) **ご利益** 縁結び、子宝、安産、心願成就

願いを叶える龍神

クズリュウ

九頭龍

金運アップ
なんか最近人気です

悪神から心を入れ替えて守護神へ

9つの頭をもった龍。もともとは人を食べたり水害をおこしたりする悪神だったが、災厄を喰らい尽くす守護神となった。日本各地に様々な伝承を残している。仏教伝来後の仏教由来の神であり、『古事記』『日本書紀』などの歴史書には一切出てこない。箱根の九頭龍神社などで祀られ、様々な現世利益を叶えてくれる。

祀られている主な神社 九頭龍神社（静岡）、戸隠神社九頭龍社（長野） **ご利益** 心願成就、金運、商売繁盛、縁結び

ホントは怖かった天神さま

スガワラノミチザネ
菅原道真

受験合格
受験シーズンは
大忙し

権力争いに負けて左遷されて無念の死

学問の神様。平安時代の有能な政治家であり文人だったが、藤原氏との権力争いに敗れ大宰府に左遷される。ここで非業の死を遂げたため怨霊神として恐れられるようになり、祟りを恐れる藤原氏によって祀られるようになった。学問の神様として信仰されるようになったのは江戸時代。牛と縁が深く、牛が神の使いとなっている。

祀られている主な神社 太宰府天満宮（福岡）、北野天満宮（京都）、湯島天満宮（東京）、全国の天満宮や天神社 **別名** 天満大自在天神（てんまだいじざいてんじん） **ご利益** 受験合格、詩歌・文筆・芸能・学問上達、農業守護、病気平癒

アマテラスの荒御魂

セオリツヒメノミコト

瀬織津姫命

川の流れの化身で罪・穢れを流し去る

罪・穢れを祓い去る祓戸四神のうちの１柱。川の流れ、清流の化身。人間の罪と穢れを流し去ってくれる女神。伊勢神宮内宮の荒《あら》祭宮《まつりのみや》に祀られているアマテラスの荒御魂《あらみたま》（荒々しい魂）という説もある。祓戸四神は出雲大社の祓社など、神社の入り口に祀られていることが多い。ここでしっかりとお祓いをしてから参拝するのが正しい作法。

祀られている主な神社 荒祭宮／伊勢神宮内宮（三重）→**P138**、佐久奈度神社（滋賀）、廣田神社（兵庫）、小野神社（東京）、祓社／出雲大社（島根）→**P139**、祓戸社／金刀比羅宮（香川）、祓戸社／大神神社（奈良） **ご利益** 厄除け、開運招福

非業の死を遂げた武将

タイラノマサカド

平将門

怨霊伝説が広がり神に祀りあげられることに

平安時代の武将。第50代桓武天皇の孫の孫。関東で勢力を広げ、自ら「新皇」を名乗り反乱をおこす。鎮圧後、首は京都でさらされ、将門怨霊伝説が広がった。中世になって祟りを恐れた住民を静めるため神田明神に神として祀られる。明治になると天皇に弓をひいた朝廷の敵ということで祭神を外されるが、1984年に再び祀られた。

祀られている主な神社 神田明神（東京）、鎧神社（東京）、将門神社（千葉）、国王神社（茨城）**ご利益** スポーツ上達、必勝祈願

手先が器用な力持ち

ノミノスクネ

野見宿禰

殉死の慣習をなくすために埴輪を製作

相撲の神様。アマテラスの次男アメノホヒの14世の孫。剛力で知られ、同じく剛力のタイマノケハヤと対決することになり、相手のあばらと腰骨を折って殺して勝利。領土をもらい、第11代垂仁天皇に仕えることに。天皇の皇后の葬儀のときに、それまでの殉死をやめて埴輪を使うことを提案。このことによって姓を土師臣《はじのおみ》と改めた。

祀られている主な神社　相撲神社／穴師坐兵主神社（奈良）、野見宿禰神社（兵庫、東京）、野見神社（愛知、大阪）　ご利益　技芸・スポーツ上達、勝利祈願

国譲りのもう一人の立て役者

フツヌシノカミ

経津主神

タケミカヅチと一緒に日本中を転戦

石上神宮の神様である神剣・韴霊剣《みたまのつるぎ》の神霊。タケミカヅチとともに出雲へ天降り、国譲りやその後の全国の戦いのために働く。タケミカヅチと同じようにイザナギがヒノカグツチを切ったときに流れた血から誕生。祀られているのは香取神宮で、これはタケミカヅチが祀られている鹿島神宮の近く。そのため同じ神様ともいわれる。

祀られている主な神社 香取神宮（千葉）→**P156**、石上神宮（奈良）、春日大社（奈良）、枚岡神社（大阪）、一之宮貫前神社（群馬） **別名** 斎主神（いわいぬしのかみ）、伊波比主神（いわいぬしのかみ） **ご利益** 地震除け、スポーツ上達、必勝祈願、出世、開運招福、産業振興、航海安全、交通安全、心願成就、縁結び、安産、平和・外交、災難除け

出雲の人気者

ヤツカミズオミツヌノミコト

八束水臣津野命

『出雲国風土記』だけに登場する国作りの神様

『出雲国風土記』に登場する出雲の国土を作った神様。もともと小さかった出雲の国を、新羅、隠岐、越国などの周りの国に綱をかけて「国《くに》来《こ》、国来」と言って引っ張ってきて国土を大きく広げた。作業を終えたときに言った「意《お》恵《え》」という言葉がのちに「意《い》宇《う》」という地名になった。これを国引き神話という。出雲以外ではちょっとマイナー。

祀られている主な神社 長浜神社（島根）、金持神社（鳥取） **別名** 意美豆努命（おみずぬのみこと） **ご利益** スポーツ上達、必勝祈願

神様に会える

オススメ神社

これまでに行った神社の中から
お気に入りの神社を紹介します。
伊勢神宮や出雲大社といった有名神社から、
知る人ぞ知る神社まで、
自分が気持ちいいなと感じた20社を
全国から選んでみました。

日本人全体の神様

伊勢神宮《いせじんぐう》

三重県伊勢市

両宮を筆頭に全部で125社

正式名称は「神宮」で、アマテラスオオミカミを祀る皇大神宮（内宮）とトヨウケオオミカミを祀る豊受大神宮（外宮）の両宮を筆頭に、別宮、摂社、末社、所管社など、伊勢市とその周辺にしずまる125社の総称。年間1500回以上の祭祀と20年に一度の式年遷宮が1300年以上続いている。外宮を先に参拝するのがしきたり。

見どころはココ！

内宮近く、宇治橋を守る神様が祀られる饗《あえ》土《ど》橋姫《はしひめ》神社も清々しい場所。内宮のおかげ横丁と外宮前の「赤福」では夏は「赤福氷」、冬は「赤福ぜんざい」が期間限定で味わえるよ。

祀られている神

アマテラスオオミカミ（内宮）
トヨウケノオオカミ（外宮）

ご利益

ここでは個人的なお願いはやめて感謝を捧げる

オススメ神社 2

縁結びの神様が祀られている

出雲大社《いずもたいしゃ》

島根県出雲市

ここでは2礼4拍手1礼

縁結びの神様オオクニヌシノカミが祀られている。旧暦の10月には全国の神様が出雲大社に集まり縁結びの会議をする。そのため出雲では神無月とはいわずに神在月《かみありつき》という。参拝の仕方は他の神社と違い、2礼4拍手1礼（通常は2礼2拍手1礼）。本殿を参拝する前に参道にある祓社《はらえのやしろ》で身を清めるのがよいとされる。

見どころはココ！

本殿前には古代神殿を支えた宇《う》豆《ず》柱《ばしら》の跡がかたどられ、上に立つとその大きさに驚く。一の鳥居から続く神門通りは、カステラ生地に白あん入りの俵まんぢうなど食べ歩きが楽しい。

祀られている神

オオクニヌシノカミ

ご利益

縁結び

出雲のもうひとつの一ノ宮

熊野大社《くまのたいしゃ》

島根県松江市

火の発祥の日本《ひのもと》火《ひ》出《で》初《ぞめ》之《の》社《やしろ》

　出雲大社と並ぶ出雲国一ノ宮。一ノ宮とはその地域でもっとも位の高い神社のこと。もともと出雲の中心地はこのあたりであり、その中心となる神社。出雲大社のお祭りには欠かすことができない火をおこす神具が伝わっていて、毎年、出雲大社の宮司がその神具を借りに来る「亀《かめ》太夫《だゆう》神事《しんじ》」という変わった神事が行われる。

見どころはココ！

神社前の清らかな意宇川の流れに心が洗われるよう。屋根の神紋は、亀甲に大の字。出雲の神社の神紋は亀甲の中にいろんな文字や模様が入っているのでチェックしてみて。

祀られている神

スサノオノミコト

ご利益

縁結び、夫婦円満、子宝、安産、厄除け

最初の宮殿が建った「日本初之宮」

須我神社《すがじんじゃ》

島根県雲南市

スサノオの日本で最初の和歌

ヤマタノオロチを退治したスサノオがクシナダヒメと宮殿を建てたところ。日本で最初の宮殿ということで「日《に》本《ほん》初《はつ》之《の》宮《みや》」ともいう。また、スサノオはここで「八雲立つ　出雲八重垣　妻ごみに　八重垣作る　その八重垣を」という日本で最初の和歌を作った。ここから車で数分の奥宮にはスサノオ親子の巨大な磐《いわ》座《くら》がある。

見どころはココ！

本殿から車で数分の奥宮。登山道を15分ほど歩くと、山の中腹に3つの磐座。これがスサノオ親子3柱のご神体。登山口の近くに杖が置いてあるので使わせてもらおう。

祀られている神

スサノオノミコト／クシナダヒメ／その御子

ご利益

縁結び、夫婦円満、子宝、安産、除災招福、心願成就

鏡の池の縁結び占いで人気

八重垣神社《やえがきじんじゃ》

島根県松江市

境内には愛の象徴の夫婦椿

縁結びにご利益があると人気の神社。縁結び占いをする鏡池のある佐《さ》久《く》佐《さ》女《め》の森はスサノオがヤマタノオロチからクシナダヒメを隠したというとても神秘的なところ。また、境内には２本の木が１本になった夫婦椿が３本もある。宝物館には神様が描かれた重要文化財の壁画も。参道脇には個性的で珍しい狛犬がちょこんと立っている。

見どころはココ！

境内奥の鏡池は、多くの女性が訪れる。占い用紙に硬貨を載せて池に浮かべ、沈む時間と距離でご縁を占うのだ。こちらの神社で一番人気は椿がモチーフの「美のお守り」。

祀られている神

スサノオノミコト／クシナダヒメ

ご利益

縁結び、夫婦円満、家内安全、子宝、安産、厄除け、災難除け

世界遺産の神の島

厳島神社《いつくしまじんじゃ》

広島県廿日市市

平家の氏神として栄える

世界遺産にもなっている安芸国一ノ宮。厳島は日本三景のひとつで「安芸の宮島」ともいわれる。島全体が神の島と崇められていたので社殿は陸地ではなく、潮の満ち引きする浜に建てられ、今も神秘的な姿をたたえている。海に建つ大鳥居は日本三大鳥居のひとつ。平家の氏神とされて大事にされ、国宝や重要文化財が多い。

見どころはココ!

まったりした鹿がたくさんいて楽しい。潮が引いていれば大鳥居の間近まで行けるよ。帰りには豊国神社の千畳閣《せんじょうかく》も立ち寄ってね。吹き抜けの大広間から厳島神社一望!

祀られている神

宗像三女神

ご利益

航海安全、交通安全

三女神を祀る三社の総称

宗像大社《むなかたたいしゃ》

福岡県宗像市

沖ノ島からは古代の宝物が

宗像神社や厳島神社など宗像三女神を祀る神社の総本宮。三女神の次女イチキシマヒメは弁天様と一緒になったので、弁天様を祀る神社やお寺の総本宮ともいえる。沖ノ島の沖津宮《おきつぐう》、筑前大島の中津宮《なかつぐう》、宗像市田島の辺津宮《へつぐう》の3社の総称で、神の島とされる沖ノ島は古代の宝物がたくさん見つかり、海の正倉院といわれる。

見どころはココ!

辺津宮の第二宮・第三宮から奥へ、気持ちがいい参道の先には高宮祭場。神籬《ひもろぎ》だけのシンプルな形だけれど木々に囲まれ、とても厳かな雰囲気で、いつまでも佇んでいたくなる。

祀られている神
宗像三女神

ご利益
航海安全、交通安全

全国4万社の八幡様の総本宮

宇佐神宮《うさじんぐう》

大分県宇佐市

卑弥呼の墓という説も

全国に約4万社ある八幡神社の総本宮で、豊前国一ノ宮。伊勢神宮に次ぐ第2の宗廟《そうびょう》（皇室の祖先を祀るところ）として皇室にも大事にされている。国家の危機に重要なお告げをしたこともある。仏教とも関係が深く、「八幡大菩薩」というように、一緒になって発展していった。ここが卑弥呼の墓だという説もある。

見どころはココ！

本殿近くの「百段」という階段の上から下をのぞき見るとちょっと怖いかも。参道沿いの清月堂神宮直売店の「虎まき」はパッケージが虎模様で値段も安いのでお土産にどうぞ。

祀られている神

応神天皇、宗像三女神、神功皇后

ご利益

学問・芸術の上達、財運、航海安全、交通安全、子宝、安産、子育て

オススメ神社 9

天孫降臨の地に建つ神社

高千穂神社《たかちほじんじゃ》

宮崎県西臼杵郡

戦死したはずの神様が……

天孫降臨の地とされる高千穂にある神社。祀られている高千穂皇神とはニニギ、ヒコホホデミ、ウガヤフキアエズ（日向三代）とその妻の6柱、十社大明神とは神武天皇の兄ミケヌとその妻子9柱のこと。ミケヌは『古事記』では神武東遷の折に戦死したが、神社の資料では高千穂に戻りここに宮を構えたことになっている。

見どころはココ！

毎晩20時～高千穂神楽をぜひ観てほしいな。天岩戸の前で踊るアメノウズメの舞など、ユーモラスなものばかりなので、知識が無くても畳敷きの大広間でのんびりと楽しめるよ。

祀られている神

高千穂皇神、十社大明神

ご利益

縁結び、夫婦円満、心願成就

オススメ神社⑩

アマテラスが身を隠した天岩戸がご神体

天岩戸神社《あまのいわとじんじゃ》

宮崎県西臼杵郡

西本宮からご神体を遥拝

アマテラスが身を隠した天岩戸近くにあり、ご神体は天岩戸と呼ばれる洞窟。川を挟んで西本宮と東本宮があり、天岩戸を拝める場所があるのは西本宮。西本宮から約500メートル上流にはアマテラスを引き出すために八百万の神々が会議を開いた天安《あめのやす》河原《かわら》がある。天安河原宮にはオモイカネと八百万の神が祀られている。

見どころはココ!

ご神体のある天岩戸の洞窟が見える場所には神職が案内してくださるので、ぜひその場で申し込んで。天安河原は長い階段を下るのが大変。洞窟の中に神社があり独特の雰囲気。

祀られている神

アマテラスオオミカミ

ご利益

病気平癒

天孫降臨の地に天孫ニニギを祀る

霧島神宮《きりしまじんぐう》

鹿児島県霧島市

神秘的な鳥居だけの古宮跡

宮崎県の高千穂町と並んで天孫降臨の地とされる霧島にある神社。天孫降臨したニニギを祀っている。もともとは高千穂峰の近くにあったが、火山の噴火により焼失し現在の場所へ。もともとあった場所は現在古宮跡《ふるみやあと》と呼ばれ、そこには鳥居だけが残る。高千穂峰の頂上には神話に由来する「天逆《あめのさか》鉾《ほこ》」が突き刺さっている。

見どころはココ!

少し離れたところにある霧島神宮古宮跡。今まで訪れた中で一番好きな場所。登山客メインで、参拝に来る人は少ない。ここへ向かう霧島道路は紅葉の季節のドライブが楽しい。

祀られている神

ニニギノミコト

ご利益

家内安全、商売繁盛、交通安全、病気平癒、心願成就、厄除け

安産にご利益があり人気

鵜戸神宮《うどじんぐう》

宮崎県日南市

裏山には祀られている神の墓が

神武天皇の父ウガヤフキアエズが生まれたとされている場所で、本殿は岩窟内にある。本殿の裏には乳飲み子を残して去らなければならなかった母トヨタマヒメが、自分の両乳房をつけていったとされる「おちちいわ」があり、安産や育児の願いを持つ人に信仰されている。本殿の裏山はウガヤフキアエズの墓とされている。

見どころはココ！

目の前が海ですごい開放感！ そして楽しいのが「運玉投げ」。男性は左手、女性は右手で願い事をしながら運玉を投げ、亀石と呼ばれる岩の四角いくぼみに入れば願いが叶うそう。

祀られている神

ウガヤフキアエズノミコト

ご利益

縁結び、夫婦円満、子宝、安産

一番最初の八幡宮

鹿児島神宮《かごしまじんぐう》

鹿児島県霧島市

山幸彦の宮殿跡に建つ

大隅国一ノ宮でヒコホホデミ（ホオリ／山幸彦）を祀る。もともとヒコホホデミの宮殿があった場所とされ、ここから少し離れたところに墓がある。別名は大《おお》隅《すみ》正《しょう》八《はち》幡《まん》宮《ぐう》といい、宇佐よりも先に八幡神が現れたと伝わっている。紀元前の中国の古代国家の祖である太伯《たいはく》を祀っていることもあり多くの古代ロマンが広がる。

見どころはココ！

参道の少し長い石段を登りきると樹齢800年の御神木が出迎えてくれる。拝殿の装飾はかなり凝ったものできらびやか。天井格子には花や野菜が描かれ、しばし見とれてしまう。

祀られている神

ヒコホホデミノミコト、トヨタマヒメノミコト

ご利益

開運招福、縁結び、安産、子育て、金運、勝負運

アマテラスが最初に移った元伊勢

檜原神社《ひばらじんじゃ》

奈良県桜井市

すぐ近くには卑弥呼の墓も

宮中で祀られていたアマテラスが外で祀られることになり、その最初に移った場所に建つ神社。いわば伊勢神宮の始まりの場所。大和国一ノ宮である大神神社の摂社で本殿も拝殿もなく、独特の三輪鳥居の奥には神籬と磐座があるのみ。古代の大和の国を見渡す丘の上に立ち、すぐ近くには卑弥呼の墓ともいわれる箸墓がある。

見どころはココ!

鳥居から町を眺めると、すうっと伸びた一本道と屋根の低い民家が続く。さえぎるものがなく遠くまで見渡せて、昔の人たちも同じ景色を見ていたんじゃないかなあと思えてくる。

祀られている神

アマテラスオオミカミ、イザナギノミコト、イザナミノミコト

ご利益

病気平癒

神様の住む高天原の伝承地

高天彦神社《たかまひこじんじゃ》

奈良県御所市

大和朝廷ができる前の王朝跡

高天原《たかまのはら》の伝承地とされる場所に建つ神社。高天彦とは造化三神《ぞうかさんしん》の1柱タカミムスビのこと。奈良と大阪の県境にある金剛山の中腹にあり、このあたりは大和朝廷ができるまえの古代国家である葛城王朝が栄えたとされる場所。この神社には社務所もなく、訪れる人も少ないが、何かを感じさせる独特の雰囲気を醸し出している。

見どころはココ!

杉の大木が両側にずらりと並んだ参道が印象的。古びた神社の狛犬は味わい深い。低い山々に囲まれたのどかな景色も含めて、空間全部を味わいたい場所。

祀られている神

タカミムスビノカミ

ご利益

心願成就、開運招福、厄除け

導きの神様サルタヒコを祀る

猿田彦神社《さるたひこじんじゃ》

三重県伊勢市

現在も子孫が宮司を務める

天孫降臨で道案内を務めた導きの神様サルタヒコを祀る。導きを終えたサルタヒコはアメノウズメと伊勢の地へ来て一緒に暮らした。その子孫は伊勢神宮ができるにあたって土地を提供し、その後、伊勢神宮の重要な職務につくことになった。ここはその子孫が邸宅内に祀っていた神社で現在もその子孫が宮司を務めている。

見どころはココ！

伊勢神宮の内宮から歩ける距離にある。本殿と向かい合うように立っているのが佐瑠女《さるめ》神社。アメノウズメが祀られているので、芸事の才能を伸ばしたい人はこちらも参拝してね。

祀られている神

サルタヒコノカミ

ご利益

延命長寿、災難・方位除け、厄除け、開運招福、商売繁盛

天岩戸が飛んできてできた山に鎮座

戸隠神社《とがくしじんじゃ》

長野県長野市

もともとは山岳密教の霊山

戸隠山の麓に、奥社、中社、宝光社、九頭龍社、火之御子社の５社からなる。戸隠山は天岩戸開きのときに、アメノタヂカラオがこじ開けた岩戸が飛んできてできた山と伝わっている。そのため、九頭龍社以外は天岩戸開きで働いた神様が祀られている。もともとは山岳密教の霊山として開かれた神《しん》仏《ぶつ》混《こん》淆《こう》の聖地。

見どころはココ！

参道入り口から徒歩約40分！ 大きな杉並木が続き気持ちいいけれど、覚悟がいる距離なので歩きやすい靴で。でも戸隠山を背にした神社は達成感を充分味わえるかっこよさ。

祀られている神

アメノタヂカラオ（奥社）

ご利益

開運、心願成就、五穀豊穣、スポーツ上達

ククリヒメを祀る日本三大霊山

白山比咩神社《しらやまひめじんじゃ》

石川県白山市

イザナギとイザナミを仲裁

霊峰白山をご神体とする全国の白山神社の総本宮。もともとは仏教の僧によって開かれ、修験道《しゅげんどう》の道場として栄えた。白山は富士山、立山と並んで日本三霊山のひとつ。その山頂には白山神社奥宮がある。祀られているククリヒメは黄泉国で言い争うイザナギとイザナミを仲裁した神様。「和合の神」「縁結びの神」として人気。

見どころはココ！

白山奥宮遥拝所は、離れたところから白山山頂の奥宮を拝めるので山頂に行くのは無理！ という人はぜひこちらで参拝を。一の鳥居の目の前のいっぷく処おはぎ屋は落ち着ける。

祀られている神

ククリヒメノミコト、イザナギノミコト、イザナミノミコト

ご利益

夫婦円満、縁結び、安産、開運招福、家内安全、交通安全、商売繁盛

タケミカヅチと一心同体

香取神宮《かとりじんぐう》

千葉県香取市

『古事記』に登場しない武神

全国にある香取神社の総本宮で下総国一ノ宮。祀られているのは『古事記』には登場しない神様だが、鹿島神宮のタケミカヅチと一心同体となって出雲の国譲りを成功させ、全国を遠征したフツヌシ。タケミカヅチが祀られている鹿島神宮と向き合うように利根川流域に建ち、ともに武神として信仰され、深い関係性がある。

見どころはココ！

地震を起こすなまずを押さえているという要石は、想像よりずっと小さかった！　利根川沿いにある大鳥居も見応えあり。これは以前の参道口。川から訪れる人が多かったのね。

祀られている神

フツヌシノカミ

ご利益

地震除け、スポーツ上達、必勝祈願、出世、開運招福

オススメ神社 20

神宮が名前につく由緒正しき神社

鹿島神宮《かしまじんぐう》

茨城県鹿嶋市

ここの鹿が奈良の鹿のルーツ

全国にある鹿島神社の総本宮で常陸国一ノ宮。香取神宮、息栖神社とともに東国三社のうちの一社。平安時代の神社名鑑である『延《えん》喜《ぎ》式《しき》神《じん》明《みょう》帳《ちょう》』で「神宮」がついているのは伊勢神宮、鹿島神宮、香取神宮の３社のみ。それほど由緒正しい神社といえる。鹿が神の使いとされていて、奈良公園の鹿のルーツはここ。

見どころはココ！

境内では鹿が飼われている。そしてこちらにも要石が。少し上の部分が凹んでいて小さめ。門前にはなまず料理が食べられる「鈴章」。たくさんの泳ぐなまずを見ることができる。

祀られている神

タケミカヅチノカミ

ご利益

地震除け、スポーツ上達、必勝祈願、安産、商売繁盛

オススメ神社MAP

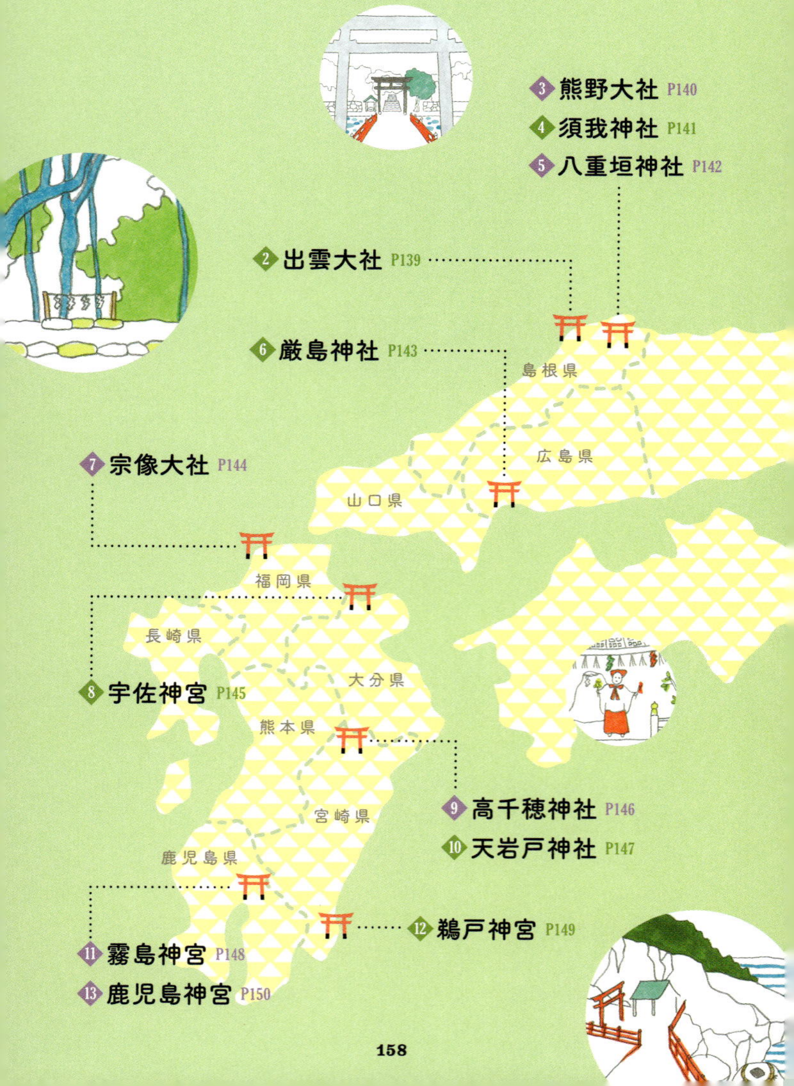

3 熊野大社 P140
4 須我神社 P141
5 八重垣神社 P142
2 出雲大社 P139
6 厳島神社 P143
島根県
広島県
7 宗像大社 P144
山口県
福岡県
長崎県
8 宇佐神宮 P145
大分県
熊本県
9 高千穂神社 P146
10 天岩戸神社 P147
宮崎県
鹿児島県
12 鵜戸神宮 P149
11 霧島神宮 P148
13 鹿児島神宮 P150

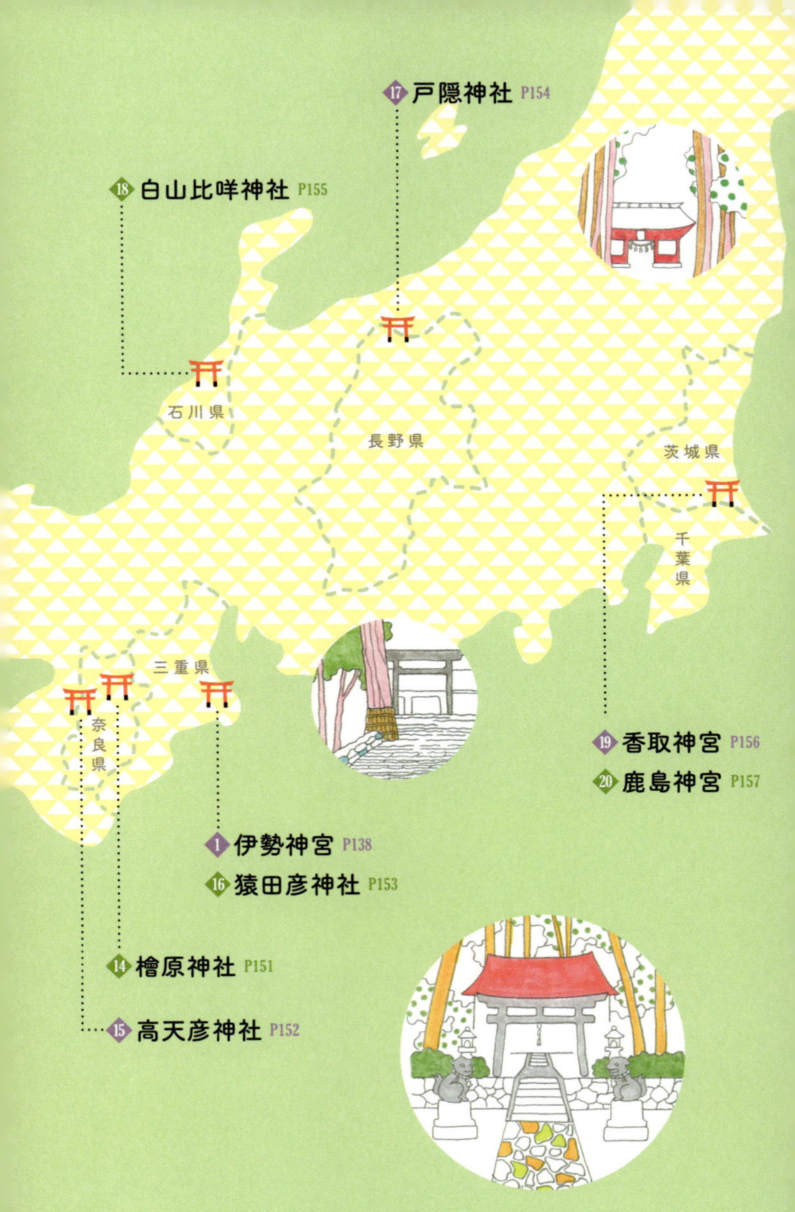
17 戸隠神社 P154
18 白山比咩神社 P155
石川県
長野県
茨城県
千葉県
三重県
奈良県
19 香取神宮 P156
20 鹿島神宮 P157
1 伊勢神宮 P138
16 猿田彦神社 P153
14 檜原神社 P151
15 高天彦神社 P152

松尾たいこ

TAIKO MATSUO

アーティスト／イラストレーター
広島県呉市生まれ。約10年の自動車メーカー勤務を経て、32歳だった1995年に上京、セツ・モードセミナーに入学し、1998年よりイラストレーターに転身。これまで300冊以上の本の表紙イラストを担当。NHK「トップランナー」「日曜美術館」に出演。最近の著書に『東京お遍路ゆる散歩』（キノブックス）、『35歳からわたしが輝くために捨てるもの』（かんき出版）、『クローゼットがはちきれそうなのに着る服がない！』（扶桑社）。ファッションやライフスタイル全般へのファンも多い。

参考文献

- 『日本神名辞典』（神社新報社）
- 『日本の神様読み解き事典』
  川口謙二（柏書房）
- 『古事記・日本書紀』
  福永武彦（河出書房新社）
- 『「日本の神様」がよくわかる本』
  戸部民夫（PHP研究所）
- 『日本の神様・仏様まるごと事典』
  島崎晋（廣済堂あかつき）

戸矢 学

1953年、埼玉県生まれ。國學院大学文学部神道学科卒。主著『神道と風水』、『三種の神器〈玉・鏡・剣〉が示す天皇の起源』、『ニギハヤヒ「先代旧事本紀」から探る物部氏の祖神』、『ヒルコ　棄てられた謎の神』、『怨霊の古代史』、『氏神事典 あなたの神さま・あなたの神社』、『ツクヨミ・秘された神』（すべて河出書房新社）、『陰陽道とは何か』（PHP研究所）、『日本風水』（木戸出版）ほか。

MANABU TOYA

古事記《こじき》ゆる神様《かみさま》100図鑑《ずかん》

発行日　2014年10月 8 日　第1刷発行
　　　　2020年 4 月 6 日　第8刷発行

定価はカバーに表示してあります。

著者　松尾《まつお》たいこ
監修　戸矢《とや》　学《まなぶ》
発行者　渡瀬昌彦
発行所　株式会社　講談社
〒112-8001　東京都文京区音羽2-12-21
電話　編集　03-5395-3560
　　　販売　03-5395-4415
　　　業務　03-5395-3615
印刷所　凸版印刷株式会社
製本所　株式会社国宝社

デザイン　Better Days（大久保裕文＋小倉亜希子）
取材協力　磯辺加代子
企画・編集　かざひの文庫

NDC164　159p　18cm

ISBN978-4-06-219028-2